D1727836

Die *Performance Research Associates* sind eine Trainings- und Beratungsorganisation, die 1972 von Ron Zemke gegründet wurde. Zu ihren Kunden zählen *GlaxoSmithKline*, *PriceWaterhouseCoopers* oder *Motorola*. Die Firma sitzt in Minneapolis, Minnesota. Mehr Informationen finden Sie unter: www.socksoff.com.

*Ron Zemke* war Service- und Managementberater und ist Autor von fast 40 Büchern. 1995 bezeichnete ihn die Zeitschrift *Quality Digest* als einen der »Neuen Qualitäts-Gurus«. *Umwerfender Service* ist sein zentrales Werk, das hiermit als völlig überarbeitete und erweiterte Ausgabe in der 6. Auflage vorgelegt wird. Ron Zemke starb 2004.

*Kristin Anderson* ist Unternehmensberaterin und freie Autorin. Sie verfasste zahlreiche Bücher und Aufsätze zum Themenbereich »Kundenservice«.

Ron Zemke, Kristin Anderson
Performance Research Associates

# Umwerfender Service

Die Bibel für den direkten Kundenkontakt

Aus dem Englischen von Karin Hansen-Vinçon und Dzifa Vode

Campus Verlag
Frankfurt / New York

ISBN 978-3-593-39732-0

6., aktualisierte und erweiterte Auflage 2012

Umschlaggestaltung: Anne Strasser, Hamburg
Umschlagmotiv: © Getty Images
Satz: Publikations Atelier, Dreieich
Gesetzt aus der Sabon und der Neuen Helvetica
Druck und Bindung: Beltz Druckpartner, Hemsbach
Printed in Germany

Dieses Buch ist auch als E-Book erschienen.
www.campus.de

# Inhalt

**Teil III**
**Umwerfenden Service kommunizieren** .................... 121

**Teil IV**
**Problemlösungen mit umwerfendem Service** ................ 163

**Teil V**
**Fit in Sachen umwerfender Service:**
**Achten Sie auf sich selbst** ......................... 217

# Vorwort zur überarbeiteten Ausgabe

Als ich über das Vorwort zu dieser Ausgabe von *Umwerfender Service* nachdachte, fiel mir beim besten Willen nicht ein, was ich noch schreiben könnte. Als Ron zum ersten Mal meinte, wie wichtig Service ist, erschien mir das ziemlich offensichtlich und banal – behandle deine Kunden gut, sei erfolgreich, und allen geht's gut. Während wir gemeinsam auf Reisen und zum Essen gingen, unsere Autos reparieren und unsere Kleidung reinigen ließen und dabei mehr oder weniger guten Service am eigenen Leib erfuhren, zeigte sich, dass es überhaupt nicht offensichtlich und schon gar nicht banal war.

Als überzeugter Optimist gab Ron nicht so schnell auf. Er glaubte tatsächlich, dass tief in ihrem Inneren Menschen perfekten Service leisten und andere gut behandeln wollten; sie wüssten nur nicht wie. In den darauffolgenden Jahren schrieb Ron mit verschiedenen Koautoren eine Reihe von Büchern, die genau das aufzeigten.

Gemeinsam mit Chip Bell veröffentlichte Ron *Management des Umwerfenden Service* (Campus 1996), das Führungskräften zu verstehen half, wie sich die Leute da draußen, die jeden Tag umwerfenden Service leisten, schulen, unterstützen und motivieren lassen.

Kristin Anderson und Ron standen Führungskräften mit Rat und Tat zur Seite, damit diese ihre Mitarbeiter optimal coachen und fördern konnten. Sie hatten selbst für die schwierigsten und, ehrlich gesagt, skurrilsten Fragen, die sich Kunden einfallen lassen können, kluge Antworten parat. *Coaching für den Umwerfenden Service* (Campus 1997) setzte Rons Suche nach der perfekten Serviceerfahrung fort und vertiefte seine Überzeugung, dass so etwas grundsätzlich immer möglich ist.

Zugleich erkannten Ron und Tom Connellan, dass qualitativ hochwertiger Service, der kontinuierlich über einen längeren Zeitraum geboten wird, der Schlüssel zu langfristiger Kundenzufriedenheit und Kundenbindung ist. In *Sustaining Knock Your Socks Off Service* (nicht in deutscher Sprache) zeigten sie Unternehmen Wege auf, wie sich herausragender Service in die Unternehmenskultur integrieren lässt.

Mit *101 Activities for Delivering Knock Your Socks Off Service* (nicht in deutscher Sprache) vertieften Ann Thomas und Jill Applegate Rons Überzeugung, dass Menschen perfekten Service liefern wollen und dass perfekter Service möglich und profitabel ist; sie brauchen nur manchmal etwas Hilfe dabei.

Seit damals sind viele Jahre vergangen. Diese Ausgabe ist allem verschrieben, was Ron so wichtig war: Service, Optimismus, Glaube an die guten Absichten anderer und die Überzeugung, dass wir alle umwerfenden Service genießen und leisten können.

*Susan Zemke*

# Vorwort: Ihre Arbeit ist enorm wichtig

> »Es reicht heutzutage nicht mehr, den Kunden einfach zufriedenzustellen; der Kunde muss ›entzückt‹ sein – angenehm überrascht, dass seine Erwartungen nicht nur erfüllt, sondern sogar übertroffen werden.«
>
> *A. Blanton Godfrey*

*Kunden bedienen.* Diese zwei Worte beinhalten vieles: Fragen beantworten. Probleme beheben. Festgefahrenes wieder ins Rollen bringen. Kaputtgegangenes reparieren. Verlorenes wiederfinden. Zornige Kunden besänftigen und schüchterne aufbauen. Und immer wieder, so routiniert und selbstverständlich, wie ein Zauberer Kaninchen aus dem Hut zieht, muss man die Kunden mit den gewünschten Produkten und Dienstleistungen ausstatten und ihnen zeigen, wie sie diese bestmöglich nutzen und ihre Freude daran haben können.

Noch vor kurzem wurde der Kundenservice so ziemlich als undankbarste Aufgabe angesehen, die man sich vorstellen konnte. Im Verkauf hatte man interessante berufliche Perspektiven. Die Arbeit im Marketing versprach Prestige. Und erst in der Werbung – traumhaft! Aber im Kundenservice? Das brachte doch nichts! Eine zeitraubende Last, eine berufliche Sackgasse. Kollegen schauten auf einen herab, weil man ständig nur mit »nörgelnden Kunden« zu tun hat. Und die Kunden selbst sahen »Kundenservice« als Bezeichnung für nicht besonders helle Leute, die morgens aufstehen, ihr Spiegelbild breit angrinsen und sich versichern: »Heute werde ich wieder viel Spaß haben. Wenn ich jetzt zur Arbeit gehe, werde ich die ersten 217 Leute, mit denen ich spreche, so richtig schön ärgern.« Und genau das taten sie dann auch. Das waren nicht unbedingt positive Vorstellungen.

Ende der 1990er Jahre, ungefähr zu der Zeit, als die Dotcom-Blase platzte, machten Marktforscher eine wichtige, um nicht zu sagen überraschende Entdeckung: Unternehmen, die sich zum Ziel gesetzt hatten, den Kunden einen besseren Service zu bieten, erzielten auch die besseren Geschäftsergebnisse. Sie wuchsen schneller und waren profitabler als diejenigen, die nach wie vor ihre ganzen Anstrengungen darauf richteten, den Kunden so wenig wie möglich für ihr Geld zu geben, ob nun online, am Telefon oder im persönlichen Kundenkontakt. Heute, im Jahr 2012, geht es nicht mehr nur darum, sich auf die Kunden zu konzentrieren. Jetzt liegt der Fokus darauf, aus ihnen treue Stammkunden zu machen. Nur damit lässt sich noch Geld verdienen.

Kurzum, die Unternehmen, die den Dienst am Kunden in den Mittelpunkt stellten, nahmen auf einmal mehr Geld ein und konnten ihre Kunden länger halten als die Konkurrenten, die dies nicht taten.

Den Marktforschern war ebenfalls aufgefallen, dass die erfolgreichen Serviceunternehmen niedrigere Marketingkosten, zufriedenere Kunden, weniger Reklamationen und mehr Stammkunden hatten – die Kunden gingen nämlich immer wieder zu den Firmen, die sie gut bedient hatten. Außerdem zeigte der gute Kundenservice auch intern positive Effekte: Es gab weniger Kündigungen, weniger Krankmeldungen sowie ein besseres Arbeitsklima und eine größere Arbeitszufriedenheit.

Plötzlich wurde die Kundenorientierung – die Erforschung und Erfüllung seiner Bedürfnisse, das Hätscheln und Umsorgen mit erstklassigem Service – zu einem entscheidenden unternehmerischen Ziel und rückte in den Mittelpunkt des Interesses. Es wurden Bücher geschrieben und Reden geschwungen. Man hisste die Fahnen und posaunte in alle Welt die enorme Wichtigkeit des Kundenservice hinaus. Eine Revolution hatte begonnen, die bis heute andauert.

Seit Beginn dieser Servicerevolution vor zwei Jahrzehnten haben wir alle eine Menge dazugelernt, und jeder weiß nun, was es heißt, einen Vorsprung durch Service zu erreichen und die Nase dauerhaft vorn zu haben. In dem Maße, wie die Welt kleiner wird, haben wir begriffen, dass eine gute Servicekultur eine neue Achtsamkeit erfordert, die kulturelle Nuancen und die unterschiedlichen Erwartungen der Kunden in aller Welt wahrnimmt. Wir wissen, dass jede neue Generation andere Erwartungen hat, denen wir gerecht werden müssen, wenn wir Serviceangebote planen und umsetzen. Ganz gleich, was bis heute entdeckt, gesagt und geschrieben wurde: den entscheidenden Anteil am »Vorsprung durch Service« haben immer noch Sie.

Was Sie tun, ist wichtig. Was Sie tun, ist Arbeit – harte Arbeit. Sie beantworten Fragen. Sie lösen Probleme. Sie beheben betrieblichen Stillstand. Sie reparieren, was nicht funktioniert, und finden, was verloren ging. Sie beruhigen die Wütenden und bestärken die Unsicheren. Sie liefern Ihren Kunden genau die Produkte oder Dienstleistungen, die sie schon immer haben wollten, und sorgen für dauerhafte Freude an ihren Neuerwerbungen.

Anfang der 1990er Jahre erschien unser Buch *Umwerfender Service* in der ersten Auflage. Darin zeigten wir auf, was wir in über 15 Jahren der Beobachtung und Arbeit mit Tausenden von qualitätsorientierten Serviceprofis über gute Kundenbetreuung herausgefunden hatten. Das waren Menschen wie Sie, die immer wieder erstklassigen Service boten; wahre Meister des umwerfenden Service, die ihren Kunden das Leben und sich die Arbeit einfacher, interessanter und spannender machten – und denen das Ganze auch noch richtig Spaß machte.

Seitdem hatten wir Gelegenheit, mit mehreren Tausend Serviceprofis auf der ganzen Welt zusammenzuarbeiten, und lernten dabei viel über die hohe Kunst der Kundenbetreuung auf Weltklasseniveau. Wir haben uns diese Lektionen zu Herzen genommen und selbst ausprobiert. Sie sind eingegangen in diese Ausgabe von *Umwerfender Service*. Es enthält nun auch – neben vielen zusätzlichen Kapiteln – einen Abschnitt mit Querverweisen zu Aktivitäten, die Sie ausprobieren sollten. Wir haben diese Tätigkeiten mit bestimmten Kapiteln dieses Buchs verknüpft, was die Sache für Sie einfacher machen soll.

Es spielt keine Rolle, ob Sie auf dem Gebiet des Kundenservice ein Neuling oder ein alter Hase sind: Wir glauben, dass wir Ihnen in jedem Fall etwas bieten können. Das, was Sie tun, ist für Ihr Unternehmen wichtiger denn je zuvor. Wenn Ihnen dieses Buch dabei hilft, dann sollten Sie nicht in erster Linie uns danken, sondern den Tausenden von Profis, bei denen wir zur Schule gegangen sind. Und wenn Sie die Lesereise durch diese Seiten nicht nur hilfreich, sondern auch vergnüglich finden, dann haben wir unser Serviceziel erreicht.

*Performance Research Associates*
*Minneapolis*

TEIL I

# DIE GRUNDLAGEN EINES UMWERFENDEN SERVICE

Umwerfender Service – ein Service, der die Kunden tief und nachhaltig beeindruckt – erfordert mehr als nur Höflichkeit. Weitaus mehr.

Zuerst einmal muss man wissen, was nach Ansicht des Kunden ein guter Service ist. Die fachliche Leistung selbst, die Art der Ausführung, die Erfüllung der Erwartungen des Kunden und der Beweis, dass man seinen Service immer wieder in dieser Weise bieten kann – das alles gehört zu den Grundlagen.

Ein umwerfender Service heißt, jedem einzelnen Kunden ein nachhaltiges Erlebnis zu verschaffen. Es bedeutet, dass man Erwartungen erfüllen und Bedürfnisse befriedigen muss – und zwar so, dass der Kunde es ganz einfach findet, mit Ihnen Geschäfte zu machen.

Der Kunde, der all dies bei Ihnen erlebt, wird immer wieder Ihr Kunde sein. Wenn Ihr Service umwerfend gut ist, dann hat jeder etwas davon: der Kunde, das Unternehmen und auch Sie.

# 1. Es gibt nur eine unumstößliche Regel: Für den Kunden sind Sie die Firma

»Kundenbeziehungen sind ein wesentlicher Teil
Ihrer Arbeit – und kein Zusatz.«

*William B. Martin,*
*Quality Customer Service*

Der Kunde macht keinen Unterschied zwischen Ihnen und dem Unternehmen, für das Sie arbeiten. Das soll er auch nicht. Aus der Sicht des Kunden sind Sie die Firma.

Der Kunde weiß nicht, wie die Arbeit hinter der Tür mit dem Schild »Nur für Mitarbeiter« erledigt wird. Er kennt weder Ihr spezielles Aufgabengebiet noch weiß er, wie weit Ihre Befugnisse reichen, geschweige denn, was Sie persönlich für ihn tun oder nicht tun können. Dies ist ihm auch egal. Für den Kunden sind solche Dinge Ihre Angelegenheit, nicht seine.

Seine Haltung ist klar: »Beraten Sie mich bitte.« »Bringen Sie mir mein Essen.« »Lösen Sie mein Problem.« »Nehmen Sie jetzt meine Bestellung auf.« Ob der Kunde ein Unternehmen positiv oder negativ sieht, lässt sich meist direkt auf die Erfahrungen zurückführen, die er mit dessen Mitarbeitern gemacht hat.

Jede Interaktion zwischen einem Kunden und einem Servicemitarbeiter stellt ein Glied in einer Kette von Erfahrungen dieses Kunden mit der Firma dar. Angenommen, Sie als Servicemitarbeiter machen in Ihrem Bereich einen Fehler, dann sind Sie derjenige, der die Kette sprengt und dadurch mit hoher Wahrscheinlichkeit jede Erinnerung des Kunden an bisherige positive Erfahrungen löscht. Machen Sie Ihre Sache hingegen gut, haben Sie die Chance, alle negativen Erlebnisse wettzumachen, die der Kunde gehabt haben mag, bevor er zu Ihnen kam. Und – ganz besonders wichtig in der schnelllebigen Welt von heute: Je schneller Sie das tun, desto zufriedener wird er sein.

Dazu eine kurze Geschichte von einem Ausflug in die Walt Disney World, das Land des magischen Service. Eine Freundin von uns verbrachte dort neulich einen heißen Sommertag. Nachdem sie 20 Minuten in der Schlange gewartet hatte, weil sie bei den Temperaturen natürlich ein Eis haben wollte, schlenderte sie glücklich an ihrem Eis leckend weiter. Einen Moment lang war sie abgelenkt und wendete ihren Blick ab. Als sie sich wieder ihrem Eis widmen wollte, starrte sie verblüfft auf eine leere Eiswaffel. Was war passiert? Eine Möwe hatte die Eiskugel direkt aus der Waffel stibitzt. Perplex ging sie weiter – doch in ihr brodelte es vor Wut. Nach ein paar Sekunden sprach sie ein junger Mann an, der Schaufel und Besen in der Hand hielt: »Entschuldigen Sie, aber ich habe mitbekommen, dass Ihnen eine Möwe Ihr Eis geklaut hat. Leider haben die Ratten der Lüfte anscheinend vor nichts mehr Angst. Darf ich Sie das kleine Stück zurückbegleiten, damit Sie möglichst schnell ein neues Eis bekommen? Welche Sorte hatten Sie gleich noch mal – Schokolade, oder?« Unsere Freundin war sprachlos. Der ärgerliche Vorfall hatte eine überraschend positive Wendung genommen und gehört nun zu ihren Lieblingserinnerungen an Disney World – eine nette Geschichte, die sie gerne im Freundeskreis erzählt.

Genau wie dieser Disney-Mitarbeiter haben Sie es in der Hand, eine Kette von erstklassigen Serviceerfahrungen und schönen Erinnerungen weiterzuknüpfen oder abreißen zu lassen. Ist das fair, dass so viel von Ihnen und Ihrer Arbeit abhängt? Nein, aber um Fairness geht es hier ja auch nicht.

Wenn es Ihre Aufgabe ist, Kunden zu bedienen und mit Menschen umzugehen, so entscheidet allein die Qualität Ihrer Arbeit mit den und für die Kunden – die netten und die weniger netten, die gescheiten und die dummen, solche, die man seiner Mutter vorstellen würde, und solche, die man am liebsten nie mehr wiedersehen möchte – darüber, wie erfolgreich die Firma ist, für die Sie arbeiten.

Kurzum: Sie sind die Firma.

**Tipp:** Benutzen Sie »ich« anstelle von »wir«. Für den Kunden beginnt und endet die Firma mit Ihnen. Wenn Sie die Ich-Form benutzen, stehen Sie hinter Ihren Worten: »Es tut mir leid, dass Sie so lange nach der Konfektionsabteilung suchen mussten. Kann ich Ihnen behilflich sein?«

## Diese Regel bezieht sich auf alles, was Sie tun

Einige Dinge, die man für einen umwerfend guten Service beachten muss, sind relativ einfach. Dazu gehört zum Beispiel, dass man auf die Wahl seiner Worte achtet.

Andere Dinge, die Sie tun, sind komplexer. Der Kunde erwartet, dass Sie die Firma für ihn arbeiten lassen. Er erwartet, dass Sie die Arbeitsabläufe verstehen, dass Sie Fragen kompetent beantworten, Probleme lösen und ihn an die richtigen Leute verweisen können, wo er genau das bekommt, was er verlangt.

**Tipp:** Mit Aussagen wie »Normalerweise wird das bei uns aber nicht so gemacht ...« oder »Damit komme ich bei meinem Chef nicht durch ...« teilen Sie dem Kunden mit, dass Sie nur Verkäufer sind und nichts entscheiden können. Wenn Sie sich so sehen, werden Sie Ihrem Kunden nie wirklich behilflich sein können – man könnte Sie genauso gut durch eine Maschine ersetzen und wird Sie schlimmstenfalls wie einen Fußabstreifer behandeln. Wenn Sie sich verbal von Ihrem Arbeitgeber abgrenzen, nimmt Sie das vielleicht aus der Schusslinie des verärgerten Kunden, sät aber auch Zweifel. Sie sagen damit nämlich: »Glauben Sie ja nicht, dass ich Ihnen helfen kann.«

Für den Kunden sind Sie die Firma

Die Wünsche und Bedürfnisse der Kunden ändern sich laufend. Auch Sie selbst verändern sich, genauso wie das Unternehmen, für das Sie arbeiten. Wie kann man da mithalten? Lassen Sie sich bei Ihren persönlichen Anstrengungen um guten Service von folgenden drei Fragen leiten. Stellen Sie sich diese Fragen nicht nur einmal, sondern dauernd. Setzen Sie die gewonnenen Einsichten so um, dass der Kunde von Ihren Aktivitäten einfach begeistert ist.

1. *Was wollen meine Kunden von mir, was wollen sie von meiner Firma?* Denken Sie sowohl an das, was Ihre Kunden *brauchen*, als auch an das, was sie *erwarten*. Falls Sie das nicht wissen – fragen Sie Ihre erfahrenen Kollegen, die dürften eine Antwort parat haben.
2. *Wie gut ist der Service, den andere Abteilungen der Firma – etwa die Rechnungsabteilung oder der Versand – meinen Kunden bieten?* Finden Sie heraus, was Sie tun können, damit die unterschiedlichen Bereiche der Firma harmonisch zusammenarbeiten, sodass Ihr Kunde etwas davon hat. Wen oder was brauchen Sie, damit Sie guten Service liefern können?
3. *Welche Details – vielleicht Kleinigkeiten – spielen für die Zufriedenheit meiner Kunden eine ausschlaggebende Rolle?* Umwerfender Service bedeutet, dass man auf das achtet, was in den Augen des Kunden wichtig ist. Wissen Sie darüber Bescheid?

Dass Sie für den Kunden die Firma verkörpern, macht die Arbeit einerseits zu einer echten Herausforderung, andererseits gibt sie Ihnen auch viel. Im Kontakt von Mensch zu Mensch, zwischen Servicemitarbeiter und Kunde, nimmt die vormals wenig konturierte, unpersönliche Firma Form und Substanz an. Als Servicemitarbeiter haben Sie es in der Hand, diesen Kontakt nachhaltig und eindrucksvoll zu gestalten. Es liegt in Ihrer Macht, einen Kunden zum Stammkunden zu machen.

Machen Sie sich ab heute folgenden Wahlspruch zu eigen:

»Achtung, Kunde – mein Service ist einfach umwerfend!«

# 2. Wissen, was einen Service umwerfend gut macht

> »Jeder Kunde hat eine individuelle, einmalige, emotionale, irrationale, unmögliche und total menschliche Ansicht von Service. Und nur diese zählt!«
>
> *Tom Peters,*
> *Management-Guru*

Der Kunde ist anspruchsvoll. Und das ist sein gutes Recht. Heutzutage hat er mehr Möglichkeiten als je zuvor. Wenn Ihre Firma ihm nicht das bieten kann, was er will oder braucht, wenn er nicht in einer Weise bedient wird, die seine Erwartungen erfüllt oder gar übertrifft, dann geht er einfach ein paar Häuser weiter – oder blättert in den Gelben Seiten – und tätigt das Geschäft mit einem Ihrer Konkurrenten.

Und ohne Kunden haben Sie natürlich auch keinen Arbeitsplatz!

Marktforscher haben herausgefunden, dass es fünfmal mehr kostet, einen neuen Kunden zu gewinnen, als einen Stammkunden zu halten. Aber viele Firmen denken nur an den aktuellen Verkaufserfolg, statt ihre langfristigen Kundenbeziehungen zu pflegen. Weitaus beunruhigender ist jedoch ein weiteres Forschungsergebnis: Jeder vierte Kunde ist derart unzufrieden mit dem gebotenen Service, dass er den Anbieter wechselt – vorausgesetzt, er findet einen, der ihm dasselbe verspricht, aber seine Wünsche etwas besser erfüllt. Das heißt von 100 Kunden, mit denen Ihre Firma Geschäfte tätigt, verlieren Sie 25!

Am beunruhigendsten ist aber der Befund, dass nur einer von diesen 25 Kunden Ihnen überhaupt sagt, dass er nicht zufrieden war. Heutzutage ist es wahrscheinlicher, dass sich ein verärgerter Kunde über Sie im Internet (Ciao, Pointoo, Twitter, Facebook) beschwert, was bedeutende Auswirkungen auf Ihr Geschäft haben könnte. Aus eigener Erfahrung wissen Sie wahrscheinlich, dass es relativ selten vorkommt, auf einen Kunden zu treffen, der wirklich gut erklären kann, was er will. Viel häufiger erwartet er, dass Sie ganz einfach wissen, was er will – und ist enttäuscht, wenn dem nicht so ist.

Aus diesem Grunde investieren Unternehmen heutzutage viel Zeit und Geld in die Erforschung des Kundenverhaltens. Sie beobachten den Kunden beim Einkaufen, machen Umfragen per Post oder Telefon oder befragen ihn direkt. Wie ein Goldgräber, der seinen Claim durcharbeitet, weil er weiß, dass Gold darin ist, so sammeln und sortieren die Unternehmen von heute die Briefe und Kommentare ihrer Kunden auf der Suche nach denjenigen Beschwerden und Komplimenten, die ihnen Aufschluss darüber geben, was der Kunde heute und in naher Zukunft will.

Als Serviceprofi greifen Sie häufig auf das Wissen zurück, das Ihr Unternehmen über die Kunden gesammelt hat. Es steht Ihnen aber noch eine weitere, ebenso wichtige Informationsquelle zur Verfügung: Ihr eigener, tagtäglicher Kontakt mit den Kunden. Aus persönlicher Erfahrung wissen Sie bereits eine ganze Menge darüber, was Ihre Kunden wollen, welche Aktionen ihre Erwartungen erfüllen, welche sie übertreffen – und was sie enttäuscht. Sie sind der »Lauschposten« Ihres Unternehmens.

Dies ist Ihr Spezialgebiet, Ihr Grundstock zu einer eigenen, persönlichen Methode, wie Sie dem Kunden einen umwerfenden Service bieten können.

## Sich selbst organisieren: die Bewertungskriterien

Hierzu sind Kriterien hilfreich, in die Sie Ihre persönlichen Erfahrungen und Informationen, die Ihnen Ihre Firma zur Verfügung stellt, einordnen können. Wir favorisieren die Bewertungskriterien, die Dr. Leonard Berry und seine Kollegen an der Texas A & M University entwickelt haben. Sie haben festgestellt, dass der Kunde die Servicequalität an fünf Kriterien misst:

1. *Zuverlässigkeit:* Die Fähigkeit, pünktlich und zuverlässig das zu leisten, was versprochen wurde.
2. *Sicherheit:* Ihr Wissen und die Höflichkeit, die Sie dem Kunden gegenüber zeigen, und Ihre Fähigkeit, Kompetenz, Glaubwürdigkeit und Vertrauen zu vermitteln.

3. *Konkrete Dinge*: Die Einrichtungen, die zu Ihrem Unternehmen gehören, Ihr Arbeitsmaterial und das äußere Erscheinungsbild, das Sie und Ihre Kollegen abgeben.
4. *Einfühlungsvermögen*: Das Maß an Zuwendung und individueller Aufmerksamkeit gegenüber einem Kunden.
5. *Reaktionsfähigkeit*: Ihre Bereitschaft, einem Kunden unverzüglich behilflich zu sein.

Alles, was Sie als Serviceleistung für den Kunden tun, lässt sich einer dieser Kategorien zuordnen. Werfen Sie einen Blick auf folgende Beispiele:

1. Wenn Sie den Auftrag eines Kunden termingerecht erledigen, so beweisen Sie *Zuverlässigkeit*.
2. Wenn Sie einen Kunden mit einem Lächeln begrüßen und sagen: »Ich kann Ihnen behilflich sein« – und dies auch tatsächlich sind –, dann geben Sie ihm *Sicherheit*.
3. Wenn Sie auf Ihr Erscheinungsbild achten und Ihre Arbeitsumgebung vorzeigbar gestalten, achten Sie auf *konkrete Dinge*.
4. Wenn Sie auf die Wünsche und Probleme eines Kunden individuell und geschickt eingehen, dann zeigen Sie *Einfühlungsvermögen*.
5. Wenn Sie einen Kunden bemerken, der rätselnd vor einem Produkt steht, und Sie ihm Hilfe und Information anbieten, dann beweisen Sie *Reaktionsfähigkeit*.

**Tipp:** Versuchen Sie, Ihr Wissen über Ihre Kunden anhand dieser Kategorien zu sortieren und zu organisieren. Beispiel: Auf der Kundenkarte von Herrn Schmidt machen Sie sich unter Kategorie 5 eine kleine Notiz, dass Herr Schmidt auf Reaktionsfähigkeit besonderen Wert legt, etwa so: »Kunde legt besonderen Wert auf raschen Rückruf. Seine Anrufe immer so schnell wie möglich beantworten!«

Für Ihre Kunden sind aber alle fünf Faktoren wichtig. Also werden wir in den folgenden fünf Kapiteln die einzelnen Kategorien genauer betrachten, um zu sehen, wie sie sich zu einem überzeugenden und umwerfend guten Service kombinieren lassen.

»Die Erwartungen des Kunden an ein Dienstleistungsunternehmen sind klar und einfach: Sieh gut aus, sei zuvorkommend, erwirb dir durch Höflichkeit und Kompetenz mein Vertrauen, sei einfühlsam, sei aber vor allem zuverlässig. Tu das, was du zugesagt hast. Halte das Serviceversprechen.«

*Dr. Leonard Berry,*
*Forscher, Texas A & M University*

# 3. Umwerfender Service bedeutet: Zuverlässigkeit

>»Verpflichte dich zu nichts, was du nicht leisten kannst,
aber achte darauf, deine Versprechen zu halten.«
>
> *George Washington*

George Washington, der 1775 Oberbefehlshaber der neuen amerikanischen Armee im Unabhängigkeitskrieg wurde, wusste sehr wohl, dass das Leben Tausender Menschen und das Schicksal einer aufstrebenden Nation von seiner Fähigkeit abhingen einzuschätzen, was machbar war und was nicht. Er musste seinen Verpflichtungen nachkommen und konnte sich folglich keine Fehleinschätzungen leisten.

Als Serviceprofi sind Sie Teil einer anderen Revolution: der Servicerevolution. Hier stehen zwar keine Menschenleben auf dem Spiel, aber es geht um die Zukunft des Unternehmens, für das Sie arbeiten – und zwar jedes Mal, wenn Sie einem Kunden gegenübertreten. Deshalb ist Ihre Zuverlässigkeit gefragt.

## Das Serviceversprechen

Zuverlässigkeit heißt, das Serviceversprechen zu halten – also das zu tun, was Sie dem Kunden zugesichert haben. Für den Kunden besteht das Serviceversprechen aus drei Teilen: die Zusicherungen Ihres Unternehmens, allgemeine Erwartungen und persönliche Versprechen.

1. *Die Zusicherungen Ihres Unternehmens*: Jedes Unternehmen verspricht den Kunden etwas. Das Werbe- und Marketingmaterial eines Unternehmens, die Korrespondenz, die Verträge, die es eingeht, und die offizielle Unternehmenspolitik enthalten direkte, öffentlich gemachte Zusicherungen. Darüber hinaus gibt es indirekte Versprechen, deren Erfüllung der Kunde erwartet und die er aus der Art und Weise ableitet, wie ein Unternehmen von sich, seinen Produkten und seinen Dienstleistungen spricht. Der Kunde wird möglicherweise auch Dinge einfordern, die er für Standardleistungen der jeweiligen Branche hält.

   Sehen wir uns hierzu ein Beispiel an: Federal Express, ein internationaler Kurierdienst, der die Zustellung von Paketen innerhalb von 24 Stunden zusichert, kann den Weg eines jedes Pakets lückenlos verfolgen. Wenn jemand wissen will, ob sein Paket rechtzeitig ankommen wird, muss er nur FedEx anrufen und erfährt zum Beispiel, dass sein Paket im Augenblick zwischen Hauptstraße und Schillerstraße ist und innerhalb der nächsten Viertelstunde seinen Bestimmungsort erreichen wird. Deshalb sollten sich andere Unternehmen dieser Branche nicht wundern, wenn ihre Kunden verlangen: »Was? Sie wissen nicht, wo mein Paket gerade ist? Sie sind ein 24-Stunden-Zustelldienst und sollten so etwas wissen!« Fair oder unfair, Federal Express hat damit einen Standard gesetzt. Welche Standards haben Ihre Konkurrenten gesetzt?

2. *Allgemeine Erwartungen*: Der Kunde erwartet noch mehr von einer Serviceleistung. Auf der Grundlage seiner vergangenen Erfahrungen mit Ihnen und mit anderen Serviceanbietern formt er Vorstellungen darüber, was Sie für ihn tun können und was nicht. Gelingt es Ihnen nicht, die Erwartung des Kunden zu erfüllen – unabhängig davon, ob Sie wussten, was er erwartete, ja sogar unabhängig davon, ob Sie zum Entstehen seiner Erwartung beigetragen haben –, dann hat das dieselben Konsequenzen wie die Nichteinhaltung eines jeglichen anderen Versprechens.

   Beispielsweise gibt es in vielen Restaurants an der Garderobe den Hinweis, dass für dort deponierte Dinge keine Haftung übernommen wird. Geben die Gäste ihre Sachen jedoch bei einem Mitarbeiter des Restaurants ab, dann gehen sie davon aus, dass ihre Sachen bewacht seien. Gibt es also einen Mitarbeiter an der Garderobe statt nur ein paar einfache Mantelhaken, dann hat man der Erwartung Vorschub geleistet, es herrsche Sicherheit vor Diebstahl.

3. *Persönliche Versprechen*: Die meisten Serviceversprechen geben Sie selbst. Persönliche Versprechen entstehen, wenn Sie einem Kunden sagen: »Ich gehe mich erkundigen und bin gleich wieder zurück« oder »Sie bekommen das Paket in etwa zwei Wochen« oder »Ich verstehe das Problem mit Ihrem Computer. Diese Software wird es beheben.« Sie stehen für diese Versprechen, und der Kunde wird Sie dafür verantwortlich machen.

Die Erwartungen der Kunden zu kennen ist der erste Schritt in Richtung eines umwerfenden Service. Indem Sie Fragen stellen und Ihren Kunden wirklich zuhören, können Sie die Details des Serviceversprechens herausfinden, deren Erfüllung der Kunde von Ihnen erwartet.

## Versprechen steuern

Das Serviceversprechen kann und sollte gesteuert werden. Wenn Sie herausgefunden haben, was Ihr jeweiliger Kunde erwartet und was nicht – den Umfang des Versprechens also –, dann sind Sie in der Lage, seine Erwartungen so zu formen, dass sie dem entsprechen, was Sie für ihn tun können. Wenn Sie dies gut bewältigen, nimmt der Kunde Ihre Leistungen als zuverlässig wahr.

Nehmen wir einmal an, Sie seien Verkäuferin oder Verkäufer in einem Geschäft, welches Möbel nach Kundenwünschen anfertigt. Frau Müller kommt und sucht einen Schreibtisch mit Aufsatz. Sie hat noch nie ein maßgefertigtes Möbelstück gekauft und geht von der Annahme aus (das ist ihre Erwartung), dass Sie verschiedene Modelle auf Lager haben und sie ihren Schreibtisch sofort mitnehmen kann. Sie stehen jetzt vor der Herausforderung, Frau Müllers Erwartungen so umzuformen, dass sie zu den Leistungen passen, die Ihre Firma bieten kann.

Sie zeigen Frau Müller also, was das Serviceversprechen Ihrer Firma ist – die Zusicherung von hochwertigen Einzelanfertigungen –, indem Sie sie zu verschiedenen Schreibtischen und Aufsätzen in der Ausstellung führen. Vielleicht haben Sie sogar ein Objekt, an dem Sie den Herstellungsprozess demonstrieren können. Sie verstärken nun die Botschaft Ihrer Firma mit einer persönlichen Zusage: »Da wir Schreibtische nach Maß anfertigen, können wir sowohl auf Ihre speziellen Wünsche eingehen als auch erstklassige handwerkliche Verarbeitung zusichern. Wenn wir den Entwurf heute fertig machen, kann ich Ihnen den Schreibtisch in zwei Wochen liefern.«

Jetzt versteht Frau Müller genau, was Ihr Serviceversprechen beinhaltet. Sie kommt vielleicht zu dem Schluss, dass sich das Warten wegen der guten Qualität lohnt. Wenn sie den Schreibtisch allerdings sofort braucht, dann können Sie ihre Erwartungen dieses Mal nicht ändern. Aber immerhin wird Frau Müller nach Verlassen Ihres Geschäfts den Unterschied zwischen einer Sonderanfertigung und einer Massenanfertigung kennen, und sie wird wissen, dass man in Ihrem Geschäft auf die Zufriedenheit der Kunden Wert legt. Vielleicht empfiehlt sie Sie sogar aufgrund ihrer gewonnenen Einsichten an einen Freund oder an einen Kollegen weiter.

## Nicht gehaltene Versprechen wiedergutmachen

Manchmal kann man ein nach bestem Wissen und Gewissen gegebenes Versprechen nicht einlösen. So sehr man versucht, fehlerfrei zu arbeiten, Probleme lassen sich nie ganz vermeiden. Und schließlich gibt es auch

Dinge, auf die Sie keinen Einfluss haben. Was können Sie also tun, wenn das Serviceversprechen nicht eingehalten wird? Zuallererst sollten Sie sich entschuldigen, idealerweise bevor sich der Kunde bei Ihnen beschwert. Verschwenden Sie keine Zeit darauf, einen Sündenbock zu suchen. Geben Sie niemandem die Schuld – weder sich, Ihrer Firma noch dem Kunden. Geben Sie zu, dass etwas schiefgelaufen ist, und finden Sie sofort heraus, was Ihr Kunde jetzt braucht. Hat das gebrochene Versprechen ein weiteres Problem entstehen lassen? Oder ergibt sich die Chance, Ihren Ruf als zuverlässiger Servicepartner zu retten?

**Tipp:** Machen Sie keine allzu großen Versprechungen, nur um einen Auftrag zu bekommen. In der heutigen Dienstleistungsgesellschaft endet ein Geschäft nicht mit dem Verkauf, im Gegenteil, da beginnt es erst. Alles Versprochene wahr zu machen und nichts zu versprechen, was man nicht halten kann, das ist wahre Zuverlässigkeit.

Nehmen wir zum Beispiel an, Frau Müller ist bereit, zwei Wochen auf ihren Schreibtisch zu warten. Sie erfahren nun, dass der Liefertermin sich um drei Tage verzögern wird. Wenn Sie Frau Müller diese Information nicht weitergeben, können Sie sicher sein, dass sie bei Ihnen am vereinbarten Liefertermin anruft und verärgert ist. Nehmen Sie hingegen die Dinge in die Hand und rufen Frau Müller an, dann stellt sich vielleicht heraus, dass ihr die Verzögerung keine Probleme bereitet. Frau Müller könnte Ihnen aber auch mitteilen, dass sie eine wichtige Besprechung hat und den Schreibtisch unbedingt in ihrem Büro braucht. In diesem Fall könnten Sie ihr einen anderen Schreibtisch zur Verfügung stellen, bis der bestellte eintrifft. Dann stehen Sie und Ihre Firma als Retter in der Not da.

## Konstante und vorhersehbare Qualität

Die Wiederholbarkeit der Kundenerfahrung ist das A und O eines zuverlässigen Service. Hat der Kunde immer wieder ein »Wow«-Erlebnis, nimmt er das als konstant gute Leistung wahr. Und diese Kundenerfahrung sollte immer gleich beeindruckend sein, ganz gleich, wo der Kontakt mit dem

Kunden erfolgt. Stellt eine Kundin über ein Internet-Chatforum Fragen, legt die Qualität dieser Serviceerfahrung den Standard für den nächsten. Ruft dieselbe Kundin später erneut an, weil sie wissen will, ob eine zurückgegebene Ware angekommen oder ein Produkt an einem anderen Standort erhältlich ist, erwartet sie nun den gleichen Standard. Wird ihre Erwartung durch den erneuten Kontakt erfüllt oder gar übertroffen, speichert sie ab, dass das Unternehmen einen immer gleich guten, um nicht zu sagen großartigen Kundenservice liefert. Von diesem Moment an weiß die Kundin, wie ihre nächste Interaktion vermutlich ablaufen wird. Schwankt dagegen die Qualität der Kundenerfahrung, erhalten Sie schlechte Noten für Konstanz, Vorhersagbarkeit und Gesamtzuverlässigkeit.

»*Sonnenschein können wir unseren Kunden nicht garantieren. Aber wir können ihnen einen Schirm in die Hand drücken, sollte es regnen.*«

*Schild in einem Telefonservice-Center*

# 4. Umwerfender Service bedeutet: Sicherheit

>»Ein beständiger und hochwertiger Service lässt sich
auf zwei gleichermaßen wichtige Dinge zurückführen:
auf Aufmerksamkeit und auf Können.«
>
> *Chip R. Bell und Ron Zemke*

In vielen Unternehmen hat der Ruf nach besserer Servicequalität zu zahllosen Seminaren darüber geführt, wie man richtig lächelt, als läge in einer freudigen Begrüßung und guter Laune der Schlüssel zur Erfüllung der Wünsche und Erwartungen der Kunden. Der Serviceprofi von heute weiß, dass weitaus mehr gefordert ist, um den Kunden zufriedenzustellen.

Bestünde die Antwort aus schlichtem Nettsein, dann wäre guter Service ein Leichtes. Aber das ist leider nicht der Fall. Damit wir uns nicht missverstehen: Höflichkeit, gute Manieren und zivilisierte Umgangsformen sind natürlich wichtig – behandeln Sie Ihre Kunden schlecht, werden diese es Ihnen mit gleicher Münze heimzahlen. Höflichkeit ist jedoch kein Ersatz für Können und Geschick.

Denken Sie an einen Wartungstechniker, der freundlich und zuvorkommend ist, Ihnen aber einfach nicht erklären kann, wie Sie Ihre Internetverbindung wiederherstellen oder den Virus loswerden, der Ihr Outlook blockiert. Oder an die Mitarbeiterin im Baumarkt, die sie freudestrahlend zu dem Regal begleitet, das Sie gesucht haben, aber keine Ahnung hat, welches Ersatzteil Sie benötigen, um Ihr undichtes Rohr zu reparieren. Auch wenn beide Mitarbeiter gute Noten für ihr freundliches Auftreten erhalten, führt ihr Mangel an Fachwissen doch zu einer unbefriedigenden Serviceerfahrung.

Wenn Sie Ihrem Kunden umwerfenden Service bieten, dann beweisen Sie ihm mit jedem Handgriff und jeder Handlung, dass er es mit einem

Sie können unsere Hotline
anrufen, sich auf unserer
Website anmelden, oder ich
kann Ihnen – falls Sie wirklich
verzweifelt sind – auch gleich
weiterhelfen.

Serviceprofi zu tun hat, einem Meister auf seinem Gebiet. Der Kunde merkt, dass er Ihnen vertrauen kann, weil Ihre Arbeitsweise Kompetenz und Sicherheit ausstrahlt.

Heutzutage erwarten die Kunden, dass ihnen ihre Geschäftspartner ein Gefühl der Sicherheit vermitteln. Und das erfordert mehr als einfach nur mit Menschen gut umgehen zu können. Es ist eine Kombination von Stil und Inhalt, die den Kunden einnimmt und ihn dauerhaft bindet.

## Schlechter Service vertreibt die Kunden

Serviceprofis wissen, dass holpriger oder schlechter Service weitreichende Folgen hat. In einer Untersuchung nannten Kunden als Hauptgrund für ihre Abwanderung vom Einzelhandel zum Versandhandel, dass »der Verkäufer im Laden weniger über das Produkt wusste als ich«. Eine andere Studie, diesmal aus der Kfz-Branche, wies nach, dass zwei Drittel aller Autokäufer beim nächsten Autokauf niemals erneut denselben Händler aufsuchen würden. Dies hatte aber nichts mit dem gekauften Auto zu tun, es lag einzig und allein an den Taschenspielertricks des Verkäufers und der unhöflichen Abfertigung bei den Inspektionen. Dank der Unmengen an

Vergleichsmaterial, das im Internet verfügbar ist, wissen mehr Kunden denn je besser über Ihr Produkt Bescheid als Sie. Dazu Chip Horner, Vizepräsident der Pfizer Consumer Group in Morris Plains, New Jersey: »Kunden sind heutzutage sehr gut vorbereitet, sie haben ihre Hausaufgaben gemacht. Sie recherchieren im Internet und heben sich ihre schwierigsten Fragen für den Anruf oder die E-Mail an unsere Callcenter auf. Manche Fragen sind so schräg, dass wir uns immer mehr auf völlig Unerwartetes vorbereiten müssen.«

Umwerfend guter Service hat eine ungemein positive Wirkung auf Ihre Firma, Ihre Kunden und Ihre Karriere. Der Kunde merkt sich einen guten Serviceanbieter, also sorgen Sie dafür, dass er Sie nicht vergisst! Achten Sie auf eine gelungene Verbindung von Inhalt und Stil – also was Sie tun und wie Sie es tun. Dadurch geben Sie dem Kunden die Sicherheit, dass er in wirklich kompetenten Händen ist.

## Der Sicherheitsfaktor

Das Gefühl der Sicherheit basiert auf dem Vertrauen des Kunden in Sie. Seine Entscheidung, genau Ihnen sein Vertrauen zu schenken, fällt er auf der Grundlage des von Ihnen demonstrierten Wissens und Könnens. Sie können es deshalb steuern, ob der Kunde Ihnen vertraut und wie groß sein Gefühl der Sicherheit ist, indem Sie folgende vier Punkte berücksichtigen:

1. *Das Produkt kennen*: Der Kunde erwartet, dass Sie die Einzelheiten, die Vorzüge und den Nutzen der Produkte und Dienstleistungen Ihrer Firma kennen. Ein Verkäufer, der vor den Augen des Kunden erst die Bedienungsanleitung studieren muss, um herauszufinden, wie man die Stereoanlage einschaltet, macht keinen kompetenten Eindruck.
2. *Unternehmensabläufe verstehen*: Der Kunde erwartet, dass Sie über die Grenzen Ihres Arbeitsbereichs hinaus Bescheid wissen. Er erwartet, dass Sie die internen Vorgänge und Abläufe kennen und ihn an die richtige Stelle verweisen können, wenn Sie in der Sache nicht weiterhelfen können. Sind Sie in der Lage, alle Vorgänge und Abläufe des Geschäfts auf kundennahe und verständliche Weise zu erklären?

3. *Zuhören können*: Der Kunde erwartet, dass Sie ihm zuhören, ihn verstehen und auf seine speziellen Wünsche eingehen. Er erwartet außerdem, dass Sie ihm mit gezielten Fragen alle Informationen entlocken, die Sie zur Erfüllung seiner Wünsche brauchen. Er erwartet, dass Sie ihm geistig folgen und ihn richtig verstehen, damit er Dinge nicht zweimal erklären muss. Und er erwartet, dass Sie ihm wahrheitsgetreu mitteilen, falls etwas nicht geht – oder zumindest nicht in der Zeitspanne, die er vorgibt.

4. *Probleme lösen*: Der Kunde erwartet, dass Sie seine Bedürfnisse bereits erkennen, während er sie vorträgt, und sofort das Passende aus dem Leistungsangebot Ihrer Firma heraussuchen. Und wenn es Probleme gibt, erwartet er, dass Sie wissen, wie man sie behebt – und zwar schnell.

## Bonuspunkte für Stil

Eine ärztliche Untersuchung, die von einem unhöflichen, unordentlichen und unkonzentrierten Arzt durchgeführt wird, ist garantiert kein befriedigendes Erlebnis für den Patienten – egal wie hervorragend der Mediziner sein Metier beherrscht. Fachliche Kompetenz alleine reicht nicht aus. Erst zusammen mit einem überzeugenden Stil heben Sie sich von anderen Anbietern ab. Dies beginnt schon beim ersten Eindruck. In ihrem Buch *Contact: The First Four Minutes* behaupten Leonard und Natalie Zunin, dass »die ersten vier Minuten eines jeglichen Kontakts eine Art Vorsprechprobe sind«. In vielen Bereichen haben Sie weitaus weniger als vier Minuten zur Verfügung – viele Geschäftstransaktionen geschehen heutzutage in 20 bis 60 Sekunden.

Aber der erste Eindruck ist nur der Anfang. Im Kundenkontakt teilt sich Stil durch alles Mögliche mit: Die Art, wie Sie sich kleiden, wie Sie sich bewegen, ob Sie sich überhaupt bewegen oder ob Sie sich hinter Ihrem Schreibtisch oder Ihrer Kasse verschanzen. Wie Sie sprechen, Blickkontakt herstellen (oder auch nicht), zuhören und antworten. Wie Sie sich geben, wenn Sie gerade keinen Kunden bedienen, aber immer noch in dessen Blickfeld sind. Wie Sie einen Kunden bedienen, der vor den anderen Kunden in der Schlange steht. Oder auch die Anrede in Ihren E-Mails. All diese Eindrücke summieren sich zu der Aussage: »Ich weiß, was Sie brauchen. Ich kann die Dinge für Sie regeln.«

Zuverlässiger, rascher und kompetenter Service, dargeboten von einem höflichen und gut informierten Personal – was könnte der Kunde noch mehr verlangen?

»Ich wollte immer die Situation voll und ganz verstehen, bevor ich einem Kunden eine Zusage machte. Irgendwann verstand ich, dass der Kunde zuerst spüren muss, dass er mir und meiner Kompetenz vertrauen kann, bevor er überhaupt bereit ist, mir die Situation darzulegen.«

*Leiter Kundenservice*
*SemiConductor Manufacturing Company*

# 5. Umwerfender Service bedeutet: Konkrete Dinge

> »Vom Standpunkt des Kunden aus betrachtet handelt es sich nur dann um Service, wenn er ihn sehen, wenn er auf ihm gehen, wenn er ihn anfassen, hören, tragen, betreten, berühren, benutzen, ja sogar riechen, schmecken, fühlen oder sonst wie spüren kann.«
>
> *SuperAmerica Training Programm*

Service lässt sich schwer konkret und physisch fassbar machen. Man kann einen Kinobesuch oder eine Blinddarmoperation nicht in Flaschen abfüllen, genauso wenig wie man die Tipps eines Börsenmaklers oder die Ideen eines Innenarchitekten mit dem Metermaß messen kann. 20 Minuten bei einem Arzt oder in einer Autowerkstatt sind nicht notwendigerweise besser oder schlechter als zehn oder 30 Minuten. Es ist die Qualität des Geleisteten, nicht die dafür benötigte Zeit, die den Ausschlag gibt. Eine der Hauptkomplikationen im Service entsteht dadurch, dass der Großteil der Leistungen immaterieller Natur ist.

Und doch gibt es konkrete Dinge – vor, während und nach der Leistungserbringung –, welche die Wahrnehmung des Kunden bezüglich der Servicequalität beeinflussen. Wenn der Kunde Sie nach dem Weg fragt und Sie in die gewünschte Richtung zeigen, dann haben Sie eine immaterielle Dienstleistung geboten. Wenn Sie aber die Wegbeschreibung aufzeichnen, dann wird Ihre Dienstleistung greifbar und konkret. Und sollten Sie auch noch eine vorgedruckte Karte parat haben und zu den unterschiedlichsten Zielen den Weg erklären können, ist das ein umwerfender Service! Der dritte Schritt im Einmaleins des umwerfenden Service ist das Wissen um die Bedeutung der konkreten Dinge, die eine immaterielle Leistung nachhaltig und eindrucksvoll machen.

Stellen Sie sich vor, Sie gehen zum Essen aus:

- Bevor Sie das Restaurant betreten, haben Sie bereits anhand verschiedener konkreter Dinge ein Urteil gefällt: die Werbung, die Sie gesehen oder gehört haben, die Umgebung des Restaurants, das Aussehen des Parkplatzes. Riecht es nach gutem Essen oder nach Abfall aus den Mülltonnen? Sieht das Gebäude gepflegt aus? Sind Hinweisschilder beleuchtet und gut lesbar?
- Beim Betreten des Restaurants setzt man den Beurteilungsprozess fort: Werden Sie freundlich empfangen? Sehen die Räumlichkeiten sauber aus? (Und wenn dies nicht der Fall wäre: Würden Sie dort wirklich essen wollen?) Gibt es eine Garderobe? Findet man ohne weiteres den Weg zu den Toiletten oder zum Telefon?
- Während des Essens bewerten Sie weitere konkrete Dinge: die Speisekarte, das Aussehen der Tische und Gedecke bis hin zu den kleinen Extras wie Malsachen für die Kinder oder Luftballons, die eine Geburtstagsgruppe erhält. Sie beurteilen ferner, wie das Essen serviert wird, wie es auf den Tellern angerichtet ist und natürlich auch, wie es schmeckt.
- Nach dem Essen gibt es immer noch genügend konkrete Dinge zu beurteilen: Ist die Rechnung sauber oder mit Fettflecken verschmiert? Ist sie korrekt und klar verständlich, oder haben Sie das Gefühl, mehr zu bezahlen, als das Essen wert war? Waren die Toiletten sauber? Werden Sie freundlich verabschiedet?

Maier hat gerade unser dreiwöchiges Serviceseminar absolviert.

# Wie Sie den Wert Ihres Service demonstrieren können

Konkrete Dinge können Sie einsetzen, um den Wert der immateriellen Anteile Ihrer Dienstleistung deutlich zu vermitteln. Dies wirkt wie eine Art Erziehung Ihrer Kunden: Der Kunde kann sich dadurch ein besseres Bild über Ihren Service machen und dessen Qualität leichter einschätzen. Wenn Sie die konkreten Anteile der Serviceerfahrung im Griff haben, erhält Ihr Kunde dadurch etwas Solides, mit dem er seine Eindrücke verknüpfen kann.

**Tipp:** Wenn Sie einem Kunden bei der Kostenkalkulation für eine Anschaffung helfen, sei es eine Stereoanlage oder ein neuer Teppichboden, dann schreiben Sie Ihre Berechnung fein säuberlich auf ein Blatt Papier und versehen dieses mit Ihrem Namen, Ihrer Telefonnummer und Ihrer E-Mail-Adresse. Der Kunde wird sich freuen, dass er etwas in der Hand hat, auf das er zurückgreifen kann. Und dabei wird er sich immer an Sie und Ihren hervorragenden Service erinnern.

Hier sind die vier Möglichkeiten, wie Sie an Ihrem Arbeitsplatz mit konkreten Dingen einen positiven Eindruck bei Kunden hinterlassen können:

1. Achten Sie auf Ihr äußeres Erscheinungsbild und auf die Sauberkeit und den einwandfreien Zustand des Produkts, das Sie dem Kunden aushändigen. Überreichen Sie es ihm persönlich. Werfen Sie es nicht einfach auf die Theke und lassen Sie ihn nicht mit der Aufgabe allein herauszufinden, welche Teile für ihn wichtig sind, wie er sie sortieren oder transportieren soll. Wenn Sie Auftragsbestätigungen, Angebote oder Informationsmaterial per E-Mail oder Post an den Kunden schicken, sollten Sie darauf achten, dass die Texte professionell gestaltet, grammatikalisch korrekt und fehlerfrei sind. Behandeln Sie Ihre Materialien mit Wertschätzung, und Ihre Kunden werden es zu schätzen wissen – und sich gerne daran erinnern –, was Sie für sie getan haben.
2. Wenn ein Kunde seinen Namen, seine Telefonnummer oder sonstige Daten nennt, so notieren Sie diese. Damit demonstrieren Sie, dass Sie seine Angaben wichtig nehmen. Achten Sie besonders darauf, dass Sie persönliche Angaben korrekt notieren. Wiederholen Sie die Angaben in

Ihren Aufzeichnungen, um sicherzugehen, dass Sie nichts Falsches notiert haben. Denken Sie daran, dass sich heute viele Kunden Gedanken darüber machen, wie andere mit ihren persönlichen Daten umgehen. Machen Sie deutlich, dass sie bei Ihnen gut aufgehoben sind.

3. Vergewissern Sie sich, dass alle Bereiche Ihrer Arbeitsumgebung, die der Kunde sieht – und ganz besonders die Bereiche, die er anfasst – sauber, sicher und so bequem wie möglich sind.

4. Senden Sie Ihren Kunden eine Bestätigung per E-Mail. Selbst wenn viele Kunden mittlerweile mit dem Internet-Shopping vertraut sind und sich routiniert im Web bewegen, schätzen es doch die meisten, wenn sie Empfangs- und Bestellbestätigungen oder Wartungsaufträge ausdrucken können. Andere möchten einfach nur gerne wissen, ob Sie ihre E-Mail empfangen haben, oder, falls Sie nicht sofort ihre Frage beantworten können, wann Sie voraussichtlich dazu in der Lage sein werden. Zugang zu diesen Informationen zu haben beruhigt den Kunden für den Fall, dass weitere Interaktionen nötig sein sollten.

Wenn ein Kunde Ihren Service an Freunde oder Kollegen weiterempfiehlt – also Personen, die Ihre nächsten Kunden sein könnten –, dann wird er ihre Aufmerksamkeit auf die konkreten Dinge richten. Damit Ihre Kunden immer wieder zu Ihnen kommen, sollten Sie die konkreten Dinge so gestalten, dass sie positiv für Sie und Ihren Service sprechen.

*» Der erste Eindruck wirkt am längsten.«*

*Sprichwort*

# 6. Umwerfender Service bedeutet: Einfühlungsvermögen

> »Verbraucher sind statistische Größen,
> Kunden sind Menschen.«
>
> *Stanley Marcus*

Kein Kunde gleicht dem anderen. Jeder hat seine eigenen Wünsche, Bedürfnisse, Erwartungen, Einstellungen und Gefühle – die er auch Ihrer Dienstleistung entgegenbringt. Daraus folgt, dass jeder Kunde wie ein Individuum behandelt werden will. Niemand lässt sich gern wie eine Nummer behandeln, von einem Servicemitarbeiter, der wie ein Roboter reagiert. Wenn Sie die emotionale Verfassung Ihrer Kunden erkennen, finden Sie auch viel leichter die beste Möglichkeit, sie effektiv und professionell zu bedienen.

Nehmen wir einmal an, Sie wären Manager in einem exklusiven Hotel. Wie sollten Sie diese zwei Kunden behandeln?

- Der unsichere Herr Müller betritt das Büro, er macht einen nervösen und angespannten Eindruck. Er plant eine Party anlässlich der Pensionierung seines Chefs, für den er seit zehn Jahren arbeitet. Es ist ganz offensichtlich, dass er eine derartige Veranstaltung zum ersten Mal organisiert.
- Für die selbstbewusste Frau Weber ist die Organisation von festlichen Anlässen ein alter Hut. Das Galadiner der Verkaufsabteilung ihrer Firma ist bereits das vierte Ereignis dieser Art, das sie in diesem Jahr organisiert. Bei ihrem Eintritt in das Büro weiß sie längst haargenau, was sie will. Ihre Haltung besagt zweifelsfrei: »Alle mal herhören, hier sind meine Anweisungen.«

Wie würden Sie vorgehen, um sowohl Herrn Müller als auch Frau Weber als Individuen zu behandeln? Bei Herrn Müller ist es wichtig, sich viel Zeit zu nehmen, damit er seine Nervosität ablegen kann und das Gefühl bekommt, dass er alle Details der Planung kennt und die Sache im Griff hat:

»Herr Müller, Sie können sich darauf verlassen, dass ich Ihnen bei jedem einzelnen Schritt zur Seite stehe. Geben Sie mir doch zunächst einige Informationen über die Veranstaltung, anschließend zeige ich Ihnen, wie wir das Ganze Schritt für Schritt planen können.«

Dieses Vorgehen würde Frau Weber wahrscheinlich frustrieren, wenn nicht sogar beleidigen. Sie sähe Ihre freundlich-langatmigen Ausführungen vermutlich als Verschwendung ihrer kostbaren Zeit. Sie erwartet eher, dass man ihre Fähigkeiten würdigt, die sie bei der Organisation früherer Festivitäten schon unter Beweis gestellt hat:

»Guten Tag, Frau Weber. Schön, dass wir wieder einmal zusammenarbeiten! Wie ich sehe, haben Sie bereits eine Aufstellung mitgebracht, was Sie alles benötigen. Ich werfe nur schnell einen Blick darauf, damit wir eventuell noch offene Fragen besprechen können.«

Wenn Sie jeden Kunden als Individuum sehen und ihn auch so behandeln, dann können Sie seine Wünsche viel leichter auf dem ihm angemessenen Niveau erfüllen.

# Der Unterschied zwischen Einfühlungsvermögen und Mitgefühl

Unabhängig davon, wie die Kunden sich fühlen – unsicher oder sicher –, alle Kunden legen gleich viel Wert darauf, dass man sowohl ihre Wünsche als auch ihre Gefühle bezüglich der erwarteten Dienstleistung versteht. Wenn sich die Gemüter jedoch erhitzen, besonders wenn nicht alles nach Plan läuft, lässt man sich schnell von den Gefühlen eines Kunden mitreißen.

Um auf die Gefühlslage von Kunden eingehen zu können, ist es wichtig, den Unterschied zwischen Einfühlungsvermögen und Mitgefühl zu kennen. In beiden Fällen geht es um die Reaktion auf die Gefühle anderer. Die Begriffe werden oft unterschiedslos verwendet, obwohl ein wichtiger Bedeutungsunterschied besteht:

*Mitgefühl* bedeutet, dass man sich mit den Gefühlen eines anderen identifiziert, sie übernimmt, ja mit ihm leidet. Typisch für eine von Mitgefühl geprägte Reaktion wäre: »Ich ärgere mich auch schrecklich über dieses Modell!«

*Einfühlungsvermögen* bedeutet, dass man den Gefühlzustand des anderen erkennt und dies zum Ausdruck bringt. Eine von Einfühlung geprägte Reaktion wäre: »Ich kann gut verstehen, dass Sie das ärgert.«

**Tipp:** Wenn der Servicemitarbeiter gemeinsam mit dem Kunden in Trauer verfällt, ist keinem geholfen. Als Serviceprofi trennen Sie klar zwischen der Sache und der Person. An der Sache arbeiten Sie dann, um die Dinge wieder ins Lot zu bringen.

## Wo liegt der Unterschied?

Wer auf seine Kunden mit Mitgefühl reagiert, liefert sich einem Auf und Ab der Gefühle aus und ist am Abend erschöpft und mit den Nerven am Ende. Der Trick bei der Sache ist, dass Sie emotional wach und sensibel sein müssen, ohne sich gefühlsmäßig in eine Sache hineinziehen zu lassen.

Wenn Sie dagegen Einfühlungsvermögen zeigen, bleiben Sie ruhig und behalten die Kontrolle. Und nur dann sind Sie in absoluter Topform: nämlich willens und auch in der Lage, dem Kunden zu helfen.

Wer über Einfühlungsvermögen verfügt, kann professionell und fürsorglich zugleich reagieren. Und die Kunden fühlen sich als Individuen wichtig genommen. Einfühlsam können nur Menschen reagieren, keine Automaten. Es gibt eben keinen Ersatz für den persönlichen Aspekt des umwerfenden Service. Genau das macht qualitativ hochwertigen Service zu harter Arbeit. Aber das macht ihn auch so lohnenswert.

Einfühlungsvermögen verbal auszudrücken ist eine Fähigkeit, die manchen angeboren ist, die aber jeder erlernen kann. Und wie für alle Fähigkeiten gilt auch hier: Übung macht den Meister. Probieren Sie die neuen Fähigkeiten zuerst in einer unkritischen Umgebung aus – zu Hause oder mit Ihren Kollegen –, bevor Sie sie bei den Kunden anwenden.

Es gibt ein paar Schritte, anhand derer Sie mit der Zeit lernen werden, Ihr Einfühlungsvermögen in eigenen, einzigartigen Worten auszudrücken. Entscheidend ist dabei, authentisch und ehrlich zu sein; der Kunde spürt, wie ernst Sie es meinen.

## So drücken Sie Einfühlungsvermögen verbal aus

- Einleitung
  Soweit ich weiß, ...
  Ich möchte, dass ...
  Mir ist klar, dass ...
- Wertschätzung Ihres Gegenübers
  Sie ...
  Soweit ich Sie richtig verstanden habe, ...
- Beschreibung der Gefühle Ihres Gegenübers
  Sie sind ... verärgert, genervt, angespannt, enttäuscht, nervös, verwirrt, überrascht
- Beschreibung der Situation
  Weil ... (Inhalt der Nachricht)

Hier sind einige Beispielsätze:

»Ich kann an Ihrer Tonlage erkennen, dass Sie genervt sind, weil Sie so häufig weitergeleitet wurden.«

»Mir ist klar, dass Sie frustriert sind, weil Sie denken, dass Ihnen niemand weiterhelfen kann.«

»Sie wussten nicht, dass wir seit Ihrem letzten Einkauf unser Rückgabeverfahren geändert haben.«

Kunden wissen persönliche Aufmerksamkeit von fürsorglichen Experten zu schätzen. Sorgen Sie auch auf emotionaler Ebene für einen umwerfenden Service, den Ihre Kunden genießen können und an den sie sich noch lange Zeit erinnern.

*» Was Sie wissen, ist einem Kunden egal. Hauptsache er weiß, dass er Ihnen nicht egal ist.«*

*Digital Equipment Corp.,*
*Kundenbetreuung*

# 7. Umwerfender Service bedeutet: Reaktionsfähigkeit

>»Eine Rose zur rechten Zeit ist besser als ein
Tausend-Dollar-Geschenk, das zu spät kommt.«
>
> *Jim Rohn,*
> *Autor und Redner*

Pünktlichkeit ist schon immer wichtig gewesen. Heutzutage ist eine zuvorkommende, rasche und pünktliche Behandlung des Kunden sogar noch viel entscheidender geworden. Denken Sie doch nur einmal an die Unmenge von Serviceeinrichtungen, die einzig zu dem Zweck geschaffen wurden, Dinge schneller zu erledigen:

- Federal Express gelang der internationale Durchbruch mit Brief- und Paketsendungen dadurch, dass sie die »garantierte pünktliche Zustellung innerhalb von 24 Stunden« zusicherten.
- Die Optikerkette LensCrafters verspricht die »individuelle Anpassung von Brillen in rund einer Stunde«.
- Googles Erfolg gründet sich darauf, dass es sofortigen Zugriff auf ein ganzes Universum voller Informationen bietet – und das mit nur einem einzigen Mausklick.
- Zappos.com setzt alles daran, dass die bestellten Schuhe am nächsten Tag bei Ihnen eintreffen, weil die Belegschaft von Zappos.com weiß, wie wichtig und kostbar Zeit ist, und will, dass Sie ihre Website wieder und wieder besuchen.

Die führenden Dienstleistungsunternehmen mit den großen Namen sind nicht die Einzigen, die sich durch raschen Service ihren Platz auf dem Markt erkämpfen. Überall findet man heute Reinigungen, bei denen Sie

Ihre Kleidung noch am selben Tag zurückbekommen, Fotogeschäfte, die Fotos innerhalb einer Stunde entwickeln, und automatisierte Bankdienstleistungen, die rund um die Uhr in Anspruch genommen werden können. Gleichzeitig praktizieren immer mehr traditionelle Hersteller das Just-In-Time-Management, das heißt, sie ordern ihre Ware so, dass sie just zum benötigten Zeitpunkt eintrifft.

Unternehmen, die den auf Zeitersparnis bedachten Kunden bedienen, haben Hochkonjunktur. Mithilfe von Software-Programmen, die das Internet ständig nach der Erwähnung eines Firmennamens absuchen, können Service-Dienstleister quasi auf einen Post oder Tweet reagieren, bevor sich der Kunde wieder von seiner Tastatur abwendet. Und der Erfolg solcher Unternehmen beeinflusst die Erwartungen der Kunden in Bezug auf die Bereitschaft und Fähigkeit Ihres Unternehmens, das Gleiche zu bieten. Wen verwundert es da noch, dass der Kunde noch knappere Termine und noch schnelleren Service als jemals zuvor von Ihnen verlangt. Auch hierbei erwartet er von Ihnen geschicktes Reaktionsvermögen.

## Termine vereinbaren – und einhalten

Manchmal hat man den Eindruck, dass alle alles zur gleichen Zeit erledigt haben wollen. Es ist jedoch ein Fehler zu glauben, dass jeder Kunde stets alles sofort will. Andererseits kann man durch zu vorsichtige Zusagen von Terminen den Eindruck erwecken, man arbeite zu langsam. Dann wird man im Wettlauf um die Kunden abgehängt.

Fangen Sie an, indem Sie ausloten, was der Kunde wirklich braucht. Es ist ein großer Unterschied zwischen »Können Sie dies schnell reinigen, ich will es in zwei Tagen anziehen« und »Ich möchte diese Wintermäntel reinigen lassen, bevor ich sie über die warme Jahreszeit wegpacke«. Nutzen Sie diese Informationen, um Fristen so zu setzen, wie sie Ihnen passen, und schlagen Sie Ihre Präferenzen dem Kunden vor. In neun von zehn Fällen wird der Kunde zustimmen. Wenn Ihr Vorschlag keinen Gefallen findet, dann wird der Kunde es Ihnen mitteilen, und Sie können zusammen nach einer Alternative suchen. Dem Kunden gefällt solch zuvorkommendes Eingehen auf seine Wünsche, und er behält es im Gedächtnis.

**Tipp:** Wenn Sie nicht sicher sind, welcher Termin dem Kunden recht ist, dann fragen Sie nach: »Wann möchten Sie es haben?« Oft schlägt der Kunde von sich aus einen für Sie angenehmen Termin vor oder fragt sogar: »Nun, wann können Sie es denn fertig haben?« Diese Vorgehensweise hat außerdem den Vorteil, dass sie dem Kunden das Gefühl von Mitsprache und Kontrolle vermittelt. Alle Menschen fühlen sich wohler, wenn sie den Eindruck haben, ihr Leben und die Dinge um sich herum im Griff zu haben.

Termine und Fristen sind wichtig, aber sie werden von Menschen gesetzt. Wenn Sie sagen: »Sie können dies heute Nachmittag abholen« oder »Das geht heute noch zur Post«, dann bauen Sie bei Ihrem Kunden Erwartungen auf und setzen sich selbst unter Druck. Seien Sie also realistisch bezüglich der Termine, die Sie angeben. Denn liegen sie einmal fest, wird der Kunde Ihren Erfolg oder Misserfolg daran messen. Umwerfender Service bedeutet, dass man akzeptable, realistische Erwartungen in Bezug auf Pünktlichkeit beim Kunden weckt und sie auch erfüllt.

## Wenn der Kunde warten muss

Die beste Zeit für die Erledigung einer Sache ist die, die dem Kunden am besten passt. Doch wenn ein Kunde unzufrieden ist, hat das nicht unbedingt etwas mit seiner Wartezeit zu tun. Unzufriedenheit entsteht weitaus häufiger aus Ungewissheit. Forschungsergebnisse zeigen, dass der frustrierendste Aspekt beim Warten die Ungewissheit ist, wie lange man warten muss. Seien Sie lieber proaktiv, als bloß zu reagieren.

Eine Freundin von uns brachte vor kurzem an einem Montagmorgen ihr Auto in die Werkstatt. Nachdem sie den ganzen Tag nichts von der Werkstatt gehört hatte, rief sie schließlich am späten Nachmittag an und war entsetzt zu hören, dass die Mechaniker ihr Auto noch nicht einmal angesehen hatten. Sie hatte sich den Tag extra freigenommen und hätte so einiges erledigen können, wenn ihr Auto nicht sinnlos in der Werkstatt herumgestanden hätte. Ein simpler Anruf hätte ihr viel Zeit gespart – und die Werkstatt hätte jetzt nicht eine Kundin weniger!

Stellen Sie fest, welche Wartezeit Ihre Kunden für angemessen halten. Die Zeitschrift *Restaurants & Institutions* hat in einer Studie ermittelt, dass »schnell« für den Gast eines Fast-Food-Restaurants fünf Minuten oder weniger bedeutet, während Gäste in einem guten Restaurant bereit sind, bis zu 30 Minuten auf ihr Essen zu warten. Ähnlich ist es im Einzelhandel, wo die Erwartungen tageszeit- und saisonbedingten Schwankungen unterliegen. In der Mittagspause hat der Kunde keine Lust zu warten und in der Regel auch keine Zeit dafür, an einem Sonntagnachmittag sieht dies schon anders aus.

**Tipp:** Achten Sie ganz besonders auf die Wartezeit, wenn Sie Ihre Kunden nicht direkt vor sich haben, also beispielsweise am Telefon, oder wenn der Kunde an einem anderen Ort ist, sei es im nächsten Gebäude, in der nächsten Stadt oder in einem anderen Land. Kunden ohne direkten Kontakt sind wesentlich angespannter.

Vergegenwärtigen Sie sich Ihre eigenen Erfahrungen als Kunde. Wenn Sie in einer Schlange stehen und die Person vor Ihnen darauf besteht, ihren Schuldenberg in kleinen Münzen abzutragen, oder wenn Sie warten müssen, bis der Hersteller Ihrer neuen Möbel die Eichen dafür anpflanzt und hochzieht, dann ist die Ungewissheit (»Ob ich wohl irgendwann in diesem Jahrhundert bedient werde?«) belastender als das Warten selbst. Ebenso, wenn Sie in einem Flugzeug sitzen und die Abflugzeit verstreicht, ohne dass sich irgendetwas tut. Die Wartezeit ist leichter zu ertragen, wenn der Pilot den Grund für die Verzögerung durchgibt, sodass Sie sich nicht länger den Kopf darüber zu zerbrechen brauchen, ob oder wann der Flieger endlich abhebt.

Als Serviceprofi können Sie wahrscheinlich auch nicht schneller Münzen zählen als andere, geschweige denn Bäume über Nacht wachsen lassen, aber Sie können das Warten weniger traumatisch gestalten. Geben Sie einem wartenden Kunden zu erkennen, dass Sie ihn wahrgenommen haben, und sagen Sie ihm so genau wie möglich, was gerade los ist: »Ich habe gerade einen anderen Kunden. Es dauert noch etwa eine Viertelstunde. Möchten Sie sich so lange etwas bei uns umschauen? Ich komme sofort zu Ihnen, wenn ich fertig bin.«

Wenn Ihr Kunde in Ihrer Sichtweite ist, müssen Sie ihm nicht unbedingt mit Worten bestätigen, dass Sie ihn wahrgenommen haben. Der Inhaber eines Restaurants meint dazu: »Stellen Sie Blickkontakt mit den Gästen her. Bringen Sie durch Ihre Gesten zum Ausdruck: ›Ich weiß, dass Sie da sind. Ich komme gleich zu Ihnen.‹«

*»Unser Kundenservice ist so ansprechbar, dass … Oh, da kommt gerade ein Anruf, ich bin dann mal weg!«*

*Anzeige eines Internetdienstanbieters*

# 8. Der Kunde hat stets Recht – oder?

> »Unsere Geschäftspolitik lautet:
> Regel 1: Der Kunde hat immer Recht.
> Regel 2: Sollte der Kunde einmal nicht Recht haben,
> so tritt automatisch Regel 1 in Kraft.«
>
> *Stew Leonard's Dairy Store*
> *Norwalk, Connecticut*

Diese Grundsätze, eingemeißelt in einen 3 000 Kilo schweren Gesteinsbrocken vor dem Eingang von Stew Leonard's Dairy Store, des weltweit größten (und umsatzstärksten) Molkereigeschäfts, sind dem einen oder anderen vielleicht bekannt.

Sie sind aber falsch.

Warum also verkündet ein derart erfolgreicher und intelligenter Geschäftsmann wie Stew Leonard derartige Regeln am Eingang seines Geschäfts? Weil er weiß, dass die Wahrheit, nach der er und seine Mitarbeiter leben und handeln, so lautet: Kunden haben nicht immer Recht, aber sie sind trotzdem stets unsere Kunden.

## Recht oder Unrecht haben

Der Kunde hat nicht immer Recht. Das wissen Sie genauso gut wie wir. Dies weisen sogar Studien wissenschaftlich nach, beispielsweise eine des TARP Institut in Washington, ein führendes amerikanisches Marktforschungsinstitut auf dem Gebiet der Dienstleistungen. In dieser Studie wurde festgestellt, dass die Kunden rund ein Drittel der reklamierten Service- und Produktprobleme selbst verursachen. Aus diesem Grund ist es falsch, einfach blind zu glauben oder im Glauben zu handeln, dass der Kunde stets Recht hat. Denn dies kann sich nachteilig auf Sie und Ihre Kunden auswirken.

Der Grundsatz »Der Kunde hat immer Recht« kann dann zum Hindernis werden, wenn man Probleme lösen oder dem Kunden etwas beibringen will. Sie können ein Problem oder eine falsche Annahme des Kunden nicht korrigieren, wenn Sie die Angelegenheit nicht richtigstellen. Oft beruhen Probleme und Bedienungsfehler auch auf Fehlinformationen, darauf, dass wir die Kunden schlecht informiert haben. Wir sind mit unseren Produkten und Dienstleistungen derart vertraut, dass wir manchmal vergessen, was man alles über sie wissen sollte. Wir müssen den Kunden helfen, unsere Produkte und Serviceleistungen richtig einzusetzen und zu nutzen.

Vielleicht weitaus gefährlicher am Grundsatz »Der Kunde hat immer Recht« ist, dass er den Verkäufer oder Berater eine Stufe unter den Kunden stellt: »Sie werden nicht dafür bezahlt, zu denken oder Fragen zu stellen. Lächeln Sie einfach nur und machen Sie das, was der Kunde will.« Kein Wunder, dass bei dieser Einstellung Service zu Unterwürfigkeit wird: »Guten Tag, ich heiße Peter und bin heute Ihr persönlicher Diener.«

Zuletzt bedeutet das blinde Festhalten an der Regel, der Kunde habe stets Recht, dass bei Problemen stets Sie derjenige sind, der Unrecht hat. Sie wissen selbst, dass das Unsinn ist. Wenn Sie bei McDonald's hinter dem Tresen stehen und ein Kunde auf Sie zukommt und einen McLobster und eine Flasche McChampagner bestellt, dann ist wohl klar, wer Recht und wer Unrecht hat. Aber darauf kommt es nicht an. Ihre Aufgabe ist es, den Kundenkontakt so zu gestalten, dass der Kunde Ihr Kunde bleibt. Etwa so: »Die sind gerade aus, aber wir haben hier andere tolle Dinge auf der Speisekarte.«

## Warum es Sie und uns gibt

Der Kunde ist der einzige Grund dafür, dass es Menschen wie Sie und uns gibt, die im Dienstleistungsgeschäft tätig sind. Das Wissen, dass der Kunde nichts weiter als ein Kunde ist (und nicht ein Problem, ein Gegner oder ein Fluch des Schicksals), hilft uns dabei, unsere Anstrengungen auf das zu richten, auf was es ankommt: den Kunden zu halten. Das Ziel eines jeden Service ist (und muss es sein), den Kunden zufriedenzustellen und derart zu erfreuen, dass er immer wieder kommt.

Als Serviceprofi habe Sie es in der Hand, dies zu erreichen. Dazu müssen Sie klug, geschickt und flexibel sein. Sie müssen über Ihre Produkte und Dienstleistungen mehr wissen als der Kunde. Sie sollten sich immer bewusst sein, dass der Kunde genauso wie Sie auch nur ein Mensch ist – mit all seinen Schwächen und Gefühlen. Hat er einmal nicht Recht, dann sind Sie aufgerufen, Ihr ganzes Können einzusetzen, um seine Fehlannahmen richtigzustellen, und zwar derart, dass der Kunde weder beschämt noch beleidigt ist.

## Fehlannahmen beim Kunden richtigstellen

1. *Gehen Sie von Unkenntnis aus:* Nur weil das, was der Kunde sagt, falsch klingt, muss es noch lange nicht falsch sein. Vielleicht kann er nur nicht gut erklären, oder die Bedienungsanleitung wurde vergessen oder war irreführend. Formulieren Sie vorsichtig:
»Ich verstehe, was passiert ist. Die Diskette ist kopiergeschützt, daher ist Ihr Computer abgestürzt, als Sie versuchten, sie auf die Festplatte zu kopieren. Leider setzt die Bedienungsanleitung voraus, dass man das weiß. Ich kann das Problem auf folgende Weise beheben ...«
2. *Suchen Sie nach Möglichkeiten, dem Kunden etwas beizubringen:* Vielleicht lässt sich ein Problem darauf zurückführen, dass er falsche oder unvollständige Informationen hatte? Geben Sie dem Kunden die nötigen Informationen jetzt.
»Gut, dass Sie mich darauf aufmerksam machen. Die benötigte Information befindet sich zwar in Ihren Unterlagen, aber ich verstehe gut, dass Sie das Blatt übersehen haben – bei diesem Papierberg. Lassen Sie uns die Unterlagen noch einmal zusammen durchsehen, damit es nicht zu weiteren unangenehmen Überraschungen kommt.«

**Tipp:** Aufgebrachten Kunden kann man nichts beibringen. Solange ein Kunde aufgeregt oder wütend ist, sollten Sie ihn nicht auf etwas hinweisen, das er eigentlich wissen müsste: »Das wäre alles nicht passiert, wenn Sie daran gedacht hätten, dass ...«. Wer seinen Kunden im falschen Augenblick etwas beibringen will, macht sie nur noch wütender. Vermeiden Sie es, den Kunden zu beschämen, falls er etwas falsch gemacht oder missverstanden hat.

3. *Glauben Sie dem Kunden*: Manchmal hat ein Kunde, von dem man anfänglich geglaubt hat, er sei im Unrecht, letztendlich doch Recht. Wer vorher das Anliegen oder die Beschwerde dieses Kunden einfach abgeschmettert hat, muss jetzt dafür büßen und um Verzeihung bitten. Das Wichtigste an umwerfendem Service ist, dass Sie Ihre Kundenbeziehungen intakt halten. Entscheiden Sie im Zweifelsfalle zu seinen Gunsten.

»Sehen wir einmal in der Werbebroschüre nach, ob der Preis, den Sie mir nennen, auch für dieses Modell gilt. Ja, so ist es! Vielen Dank, dass Sie mich darauf aufmerksam gemacht haben! Ich werde mich sofort darum kümmern, dass die Preisauszeichnung am Regal korrigiert wird.«

## Unehrliche oder unfaire Kunden

Was ist mit Kunden, die Ihre Servicestandards gegen Sie verwenden, um etwas umsonst zu bekommen oder Sie zu übervorteilen? Zunächst einmal kommen durch und durch unehrliche Kunden ziemlich selten vor. Aber es gibt sie natürlich. Viel häufiger jedoch streiten Kunden ganz ehrlich mit Ihnen, ob etwas stimmt oder fair ist.

Wie erkennen Sie nun den Unterschied zwischen legitimem und betrügerischem Verhalten? Wir empfehlen die Regel: »Beim dritten Mal fliegst du raus.« Wenn sich etwa Kunde und Mitarbeiter bei einem Videoverleih uneins sind, ob ein Video rechtzeitig zurückgebracht wurde, dann gilt: »Es muss unser Fehler gewesen sein.« Dies gilt auch noch beim zweiten Mal. Aber beim dritten Mal ist es mit der Glaubwürdigkeit des Kunden vorbei.

**Achtung:** Es kann sehr anspruchsvoll sein, einem Kunden Recht zu geben, der nicht Recht hat. Darüber haben wir ein ganzes Buch geschrieben: *Knock your Socks Off Service Recovery*. Es enthält viele Anregungen, wie man Kunden taktvolle Antworten geben kann.

»*Suche nicht den Schuldigen, sondern behebe das Problem.*«

*Japanisches Sprichwort*

TEIL II

# DAS KNOW-HOW EINES UMWERFENDEN SERVICE

Ein hervorragender Kundenservice setzt sich aus verschiedenen Einzelaktionen zusammen, die für den Kunden wichtig sind. Die meisten lassen sich ziemlich einfach und problemlos meistern. Aber erst ihr Zusammenspiel macht Ihren Service wahrhaft unvergesslich.

Es geht darum, wie gut Sie zuhören, den Kunden verstehen und auf ihn eingehen können, wie Sie persönliche Kontakte handhaben, am Telefon agieren oder Schriftliches erledigen, und ob Sie die Bedürfnisse eines Kunden vorausahnen. All das trägt dazu bei, wie der Kunde Ihre Anstrengungen wahrnimmt und bewertet.

Wer diese Einzelaktionen richtig kombiniert und geschickt einsetzt, bieten einen hervorragenden Service – einen Service, der einfach umwerfend gut ist!

# 9. Ehrlichkeit ist die einzig wahre Strategie

> »Es gibt stets zwei Gründe für eine Sache –
> einen guten Grund und den wahren Grund.«
>
> *J. P. Morgan*
> *Finanzier*

Im Kundenservice ist Ehrlichkeit nicht nur die beste Strategie, sie ist auch die einzig wahre Strategie. Es führt unweigerlich zu größeren Problemen, einen Kunden anzulügen oder zu täuschen, als ihn mit einer unangenehmen Wahrheit zu konfrontieren. Stattdessen sollten Sie ihm fest in die Augen sehen und ihm die schlechte Nachricht nahebringen.

Dafür sprechen zwei gewichtige Gründe.

Zum einen kommen Lügengeschichten irgendwann doch ans Tageslicht, wahrscheinlich ausgerechnet dann, wenn Sie am wenigsten darauf vorbereitet sind. Unser Berater Thomas Connellan erzählte uns einmal, wie ein Mitarbeiter im Versand eines Unternehmens – wir nennen ihn hier Ralph – meinte, eine glaubwürdige und, wie er dachte, narrensichere Methode gefunden zu haben, um sich die Kunden vom Leib zu halten. Dazu brachte er immer drei Tageszeitungen mit zur Arbeit: die *New York Daily News*, die *Chicago Tribune* und die *Los Angeles Times*. Diese Zeitungen ging er jeden Morgen sorgfältig auf Unfälle und Behinderungen der Transportwege durch, wie zum Beispiel Zugunglücke, Verkehrsunfälle und Totalsperrungen auf Autobahnen, heftige Schneefälle, streikende Lastwagenfahrer und so weiter.

Wenn im Laufe des Tages dann ein Kunde anrief und reklamierte, dass eine versprochene Lieferung noch nicht eingetroffen war, bat Ralph den Anrufer um einen Moment Geduld, blätterte flugs die Zeitungen durch, bis er das passende Ereignis gefunden hatte, und wandte sich wieder an seinen Anrufer mit den Worten: »Haben Sie noch nichts von dem Zugunglück vergangene Nacht bei Fort Worth gehört? Nein? Nun, ich bin mir ganz sicher, dass Ihre Sendung in diesem Zug war. Ich würde Ihnen ja gerne helfen, aber gegen höhere Gewalt bin ich machtlos.«

Das ging ein ganzes Jahr lang gut – bis ein Kunde, misstrauisch ob der Tatsache, dass drei der letzten fünf Sendungen »höherer Gewalt« zum Opfer gefallen waren, Nachforschungen anstellte. Um es kurz zu machen: Er fand heraus, welches Spielchen Ralph trieb, und setzte die Firma auf seine Liste unzuverlässiger Lieferanten. Dann schrieb er einen Brief an den Firmenchef. Müssen wir Ihnen noch sagen, welch »höherer Gewalt« Ralph zum Opfer fiel?

Der zweite Grund, warum Sie den Kunden gegenüber mit offenen Karten spielen sollten, ist der, dass sie Ehrlichkeit schätzen. Natürlich ist es für Sie unangenehm, einem Kunden sagen zu müssen, dass es Probleme gibt oder das Lieferdatum, das der Kunde sich vorstellt, unrealistisch ist. Aber wenn Sie in dieser Situation klar zum Ausdruck bringen, dass Sie alles tun werden, was in Ihrer Macht steht, um die Dinge wieder in Ordnung zu bringen, dann werden Ihre Kunden Sie trotz alledem als offenen und ehrlichen Partner schätzen, als einen Menschen, bei dem man sicher sein kann, dass er die Wahrheit sagt, egal was anliegt.

Ein gutes Beispiel für diese Vorgehensweise liefert Judith Martin, auch als »Miss Manners« bekannt und von der Zeitschrift *Frequent Flyer* zur »Hohepriesterin der guten Umgangsformen« gekürt. Den Lesern dieser Zeitschrift beschrieb sie ihre Erlebnisse während zweier Flüge, die beide wegen schlechtem Wetter erst mit Verspätung starten konnten.

»Auf dem ersten Flug tat die Besatzung wenig, um die Passagiere über den Stand der Dinge zu unterrichten. Die Flugbegleiter kamen lediglich den Bitten der Passagiere um Kissen, Decken, Getränke usw. nach. Die Besatzung des anderen Flugs entschuldigte sich für die Verspätung, informierte die Passagiere über mögliche Anschlussflüge, gab ihnen in regelmäßigen Abständen den neuesten Stand der Dinge bekannt und ließ nichts unversucht, um die Lage so angenehm wie möglich zu machen.«

Auf welchem der beiden Flüge hatten die Passagiere wohl das Gefühl, dass die Besatzung wirklich alles tat, was in ihrer Macht stand, um sie an ihren Bestimmungsort zu bringen? Und mit welcher Airline wird »Miss Manners« wohl das nächste Mal fliegen?

Teil II: Das Know-how eines umwerfenden Service

## Tun Sie es auch für sich

Eigentlich gibt es noch einen dritten Grund, warum man seinen Kunden gegenüber stets ehrlich sein sollte: um mit seinem Gewissen im Reinen zu sein. Eine Bekannte von uns arbeitete einmal für ein Teleshopping-Unternehmen. Sie war Chefin der Abteilung Kundenreklamationen. Wenn verärgerte Kunden anriefen, um Mängel an der Ware zu beanstanden, dann musste sie diese Anrufer mit hohlem Gerede abwimmeln, wie: »Tut uns schrecklich leid« und »Bitte entschuldigen Sie«.

Das größte Problem an der Sache war, dass der Großteil der verkauften Artikel Ware zweiter Wahl war – also Mängelware, was jeder in der Firma wusste. Unsere Freundin war im Grunde genommen der Puffer: Sie hatte die undankbare Aufgabe, die wenigen Kunden zu beschwichtigen, die mutig genug waren, sich über Mängel zu beschweren. Das Unternehmen – das hatte man ihr natürlich vorher gesagt – vertraute auf die Tatsache, dass nur etwa vier Prozent aller verärgerten Kunden tatsächlich reklamieren, wenn sie schlecht bedient werden oder mangelhafte Ware erhalten.

Durfte unsere Freundin denjenigen, die reklamierten, ihr Geld zurückerstatten? Aber sicher! Das Unternehmen war durchaus bereit, die wenigen Leute zu entschädigen, die diesen Schritt wagten. Gelang es ihr, die verärgerten Kunden zu beruhigen und zu beschwichtigen? Ja, auch das. Denn zumindest war ja jemand am anderen Ende der Leitung, der ihnen zuhörte.

Allerdings suchte sich unsere Freundin nach sechs Monaten eine neue Stelle. Warum wohl? »Weil«, so sagte sie, »ich genug davon hatte, Teil eines schäbigen Systems zu sein, das seine Kunden bewusst betrog.«

**Tipp:** Für Ihre Selbstachtung ist Ihre Einstellung zu Ihrer Arbeit ebenso wichtig wie die Art und Weise, wie Sie sich als Elternteil, als Lebenspartner oder als Freund sehen. Kein Arbeitsplatz ist wichtig genug, um eine Lüge auf sich zu nehmen. Kein Gehalt ist hoch genug, um das schlechte Gewissen zu entlasten, weil man andere nicht so behandelt, wie man es eigentlich für richtig hält. Der beste Grund, ehrlich gegenüber den Kunden zu sein, ist wahrscheinlich der, dass man dabei auch sich selbst gegenüber ehrlich ist.

*» Wer es in kleinen Dingen mit der Wahrheit nicht genau nimmt, dem kann man auch in großen Dingen nicht trauen.«*

*Albert Einstein*

# 10. Regeln dürfen gebrochen werden (diese auch)

> »Regeln sollen uns dienen, sie sollen uns nicht versklaven.«
> *Richtlinie für Softwareprogrammierer*

Regeln gibt es überall. Es gibt offizielle Regeln, zum Beispiel im Straßenverkehr (»Halt bei roter Ampel«) oder im Geschäftsalltag (»Umtausch nur mit Kassenbon«), und informelle Regeln, die auf Gewohnheiten oder Erfahrungen beruhen: »Wenn man jemanden anrempelt, entschuldigt man sich« oder »Im Feierabendverkehr muss man mit längeren Fahrtzeiten rechnen«.

Regeln sollten einem einzigen Zweck dienen: dass unser Leben reibungsloser, effizienter und in einer geordneten und wohlorganisierten Weise abläuft. Dann sprechen wir vom Sinn der Regel. Aber manchmal sind Regeln nicht sinnvoll. In der Tat stehen sie manchmal dem entgegen, was man zu vollbringen sucht. Daher ist es für den Profi in Sachen umwerfender Service wichtig, Sinn und Zweck der Regeln zu verstehen, die seine Arbeit beeinflussen.

## Regeln oder Vermutungen?

Wir sind daran gewöhnt, dass unser Leben durch Regeln bestimmt ist. Dies führt dazu, dass wir manchmal eine Regel erfinden, um nicht zugeben zu müssen, dass wir auf eine Kundenfrage keine Antwort wissen. Vielleicht haben wir auch nicht den Mut, eine eigene Entscheidung zuzugeben. Oder wir stehen unter Zeitdruck und greifen auf eine Regel aus einem anderen Zusammenhang zurück, die auf die aktuelle Situation zu passen scheint.

Stellen Sie sich zum Beispiel einmal vor, Sie seien die neue Kassiererin. Ein Kunde fragt, ob er seinen Scheck 50 Euro höher als den Wert seiner Einkäufe ausstellen darf. Sie wissen nicht, ob Sie auf einen Scheck Bargeld herausgeben dürfen, und es ist niemand in der Nähe, den Sie fragen können. Was tun Sie also?

- Sie nehmen an, dass Schecks über den Einkaufsbetrag hinaus gegen die Geschäftsregeln sind, und schlagen dem Kunden die Bitte ab.
- Sie greifen auf eine Regel zurück, die an Ihrer vorherigen Arbeitsstelle galt, und gestatten dem Kunden, den Scheck 10 oder 20 Euro höher auszustellen.

Beide Möglichkeiten sind verführerisch, weil man damit die Kontrolle über die Situation behält und dem Kunden gegenüber nicht zugeben muss, dass man keine Ahnung von den herrschenden Geschäftsgepflogenheiten hat. Es ist aber völlig normal, dass man anfangs nicht alle Regeln kennt! Und »learning on the job« heißt vor allem: Wenn Sie etwas nicht wissen, müssen Sie es herausfinden – für sich und für Ihre Kunden. Und anstatt von der Annahme auszugehen, dass eine Regel existiert, aufgrund derer Sie einem Kunden »Nein!« sagen müssen, sollten Sie schnell herausfinden, wie Sie »Ja!« sagen können.

Eine Freundin von uns erinnerte sich an eine Geschäftsreise nach Kansas City, wo sie immer bis spät in die Nacht arbeiten musste. Als sie in ihrem Hotelzimmer ankam, war sie sehr hungrig, weil das Mittagessen ausgefallen war. Sie warf einen Blick auf die Speisekarte in ihrem Zimmer, aber auf nichts davon hatte sie Appetit. Sie rief den Roomservice an und fragte, ob sie einen Salat mit Hähnchenbrust bestellen könnte. »Das steht nicht auf der Speisekarte«, war die Antwort. »Das ist richtig«, sagte sie, »aber es ist das Einzige, was ich gerne essen würde. Können Sie es machen?« Stille. Dann wieder: »Nun, das steht nicht auf der Speisekarte.« Um die Geschichte kurz zu machen: Sie bekam ihr Essen nicht, obwohl der Zimmerservice vieler anderer Hotels ihr einen solchen Wunsch freudig und ohne Umstände erfüllt hatte. Von welchem Hotel in Kansas City wird sie ihren Bekannten wohl abraten?

## »Rote Regeln« oder »Blaue Regeln«?

Regeln sind wichtig, wenn sie die öffentliche Sicherheit schützen. Sinnvoll sind auch solche, die aus der Erfahrung abgeleitet sind, dass schlimme Folgen eintreten, wenn man sie nicht befolgt. Andere Regeln sind jedoch nur noch Gewohnheiten, die bereits »Kalk angesetzt haben«. Sie haben mit der Zeit eine Starre angenommen, die ursprünglich nie intendiert war, die sie nun aber unflexibel macht.

Im amerikanischen Gesundheitswesen arbeiten einige Organisationen mit Regeln, die sie als »Rote Regeln« und als »Blaue Regeln« bezeichnen: »Rote Regeln« sind solche, die nicht übertreten werden dürfen. Ihr Zweck ist es, Leben und Gesundheit der Patienten zu schützen, wie zum Beispiel: »Rauchen ist im Gebäude verboten!« »Blaue Regeln« sind dazu da, die Abläufe im Krankenhaus für Patienten und Personal angenehmer und einfacher zu gestalten, zum Beispiel: »Neue Patienten begeben sich zunächst zur Aufnahme.«

Die Beschäftigten müssen wissen, wann eine »Blaue Regel« außer Kraft gesetzt werden darf oder sogar muss, beispielsweise: »Als Erstes werden die Aufnahmepapiere ausgefüllt.« Diese Regel gilt nicht für eine Notaufnahme oder eine Schwangere in den Wehen. Dann müssen die Formalitäten warten.

Kennen Sie die »roten« und »blauen« Regeln in Ihrem Unternehmen? Gesetze und Verordnungen sind typische rote Regeln, ebenso die Regeln, die die Firmenleitung festsetzt. Blaue Regeln entwickelten sich zum Beispiel aus den Gepflogenheiten Ihrer Abteilung oder beruhen auf Erfahrung. Sie müssen wissen, woher eine Regel kommt und wozu sie gut ist. Und Sie müssen in der Lage sein, den Kunden die Regeln zu erläutern, damit sie begreifen, was der Grund für Ihr jeweiliges Tun ist.

**Tipp:** Wenn Sie in Ihrer Firma besprechen, welche Regeln als »rot« und welche als »blau« gelten sollen, dann werden Sie viele unterschiedliche Meinungen hören. Das ist normal. Aber ein Ergebnis sollte die Diskussion zeigen: Dass jeder versteht, wozu eine bestimmte Regel überhaupt da ist. Ein Beispiel: In einer großen Versicherung beschwerten sich einige Mitarbeiter darüber, dass auf den Firmencomputern keine private Software wie Bildschirmschoner oder Spiele benutzt werden durfte. Dies war als rote Regel festgeschrieben, die bei Nichtbeachtung sogar zur Kündigung führen konnte. Eine offen geführte E-Mail-Diskussion mit dem Informatikerteam der Versicherung kam in Gang. Danach sahen die meisten den Sinn dieser Regelung ein: Es könnte dadurch viel zu leicht ein Computervirus ins System gelangen. Die Farbe dieser Regel machte jetzt Sinn.

## Regeln verletzen oder Regeln frei auslegen?

Gehen Sie hierbei nicht zu weit! Wenn Sie glauben, dass Sie eine Ausnahme machen sollten, sich aber nicht sicher sind, dann fragen Sie besser einen erfahrenen Kollegen oder Ihren Chef.

Angesichts der Geschwindigkeit, mit der heute über Twitter, Online-Chats und soziale Netzwerke kommuniziert wird, wird es immer wichtiger, die Regeln zu kennen. Wenn es Ihre Aufgabe ist, über diese Medien mit Kunden im Dialog zu stehen, treffen Sie in Bruchteilen von Sekunden Entscheidungen für den Kunden und Ihr Unternehmen. Je mehr Sie wissen, desto einfacher ist es für Sie, in diesen Situationen zu handeln.

Ohne offizielle und inoffizielle Regeln wäre das Geschäftsleben chaotisch, und die Kunden wüssten nie, was sie erwartet. Nur weil Sie meinen, die Welt werde schon nicht untergehen, wenn Sie eine Regel verletzen oder frei auslegen, heißt das noch lange nicht, dass man Regeln generell übertreten darf. Sie sollten also die geltenden Regeln für Ihre Arbeit kennen, ebenso die Gründe dafür und die Konsequenzen bei Nichtbeachtung. Erst dann können Sie Ihren Kunden helfen, sodass alles funktioniert.

*» Ausnahmen bestätigen die Regel. «*

*Sprichwort*

# 11. Vertrauen schaffen in einer unsicheren, misstrauischen Welt

>»Schenken Sie Vertrauen, und Sie werden
doppelt so viel davon zurückerhalten.«
>
> *Kees Kamies*

Vertrauen ist das A und O im Kundenservice. Vertrauen gibt den Ausschlag darüber, ob Kunden wiederkommen oder nicht. Das Vertrauen des Kunden in Ihr Wort und der Glaube an Ihre Versprechen sind das, was Sie in schwierigen Zeiten, wenn alles schiefzugehen scheint, rettet. Wenn Sie in der Vergangenheit Versprechen gemacht und sie eingehalten haben, trauen Ihnen Ihre Kunde auch, wenn einmal etwas schiefläuft.

Kundenvertrauen wächst sehr langsam, entwickelt sich erst im Laufe der Zeit und ist das Produkt einer Kette positiver Erfahrungen. Vertrauen kann aber auch durch ein negatives Ereignis zerstört werden oder wird durch ein schönes Erlebnis, das für immer im Gedächtnis bleibt, mit Ihnen und Ihrem Unternehmen in Verbindung gebracht.

Fairness ist oft die alles entscheidende vertrauensbildende Maßnahme. Behandle mich – in meinen Augen – ungerecht, und du verlierst mich für immer als Kunden. Schenke meinen Bedenken ein offenes Ohr, und du gewinnst mich als treuen Kunden. Was ist Fairness aus der Perspektive des Kunden? Das variiert natürlich von Kunde zu Kunde. Aber in der Regel fühlt sich der Kunde gerecht behandelt, wenn:

- man ihm zuhört und ihn respektiert, selbst wenn er nicht immer das Gewünschte erhält;
- der Weg zum Ziel – ein zufriedenstellendes Ergebnis zu erzielen – nicht wehtat und unkompliziert ablief;

- Sie Ihre Versprechen eingehalten haben – wenn Sie zum Beispiel zugesichert haben, dass Sie am Abend anrufen, dann haben Sie das auch getan;
- Sie ihn auch in moralischer Hinsicht korrekt behandelt haben – ohne Lockvogeltaktik, ohne jegliche Hinterlist;
- Sie seine individuellen Wünsche (wenn es welche gab) respektiert haben;
- seine Interessen vor die Bequemlichkeit des Unternehmens gestellt wurden.

**Beispiel:** Es ist Freitagnachmittag. Frau Impulsiv ruft bei Ihnen im Reisebüro an. Sie muss unbedingt morgen Mittag in San Francisco sein. Sie warnen sie, dass der Flug kostspielig werden könnte, sichern ihr aber zu, Ihr Bestes zu geben. Eine Stunde später haben Sie ein Ticket, Economyklasse, für sechs Uhr morgens, Umtausch und Rückgabe ausgeschlossen Und sofort rufen Sie sie an, um sie davon in Kenntnis zu setzen.

## Wie bauen Sie Vertrauen auf?

Wie gesagt, Vertrauen wächst langsam, erst mit der Zeit, und gründet sich auf positive Erfahrungen. Doch es gibt da ein paar Dinge, die Sie tun können, um diesen Vorgang zu beschleunigen.

- *Üben Sie häufige benötigte Aussagen ein*: »Frau Impulsiv, das ist ganz schön kurzfristig, ich weiß nicht, ob ich das schaffe, aber ich gebe auf jeden Fall mein Bestes.«
- *Bleiben Sie bei der Wahrheit*: »Da samstags weniger Flüge als an anderen Tagen verfügbar sind, könnte es sein, dass ich keinen bekomme. Aber ich tue, was ich kann. Die Chancen, dass es klappt, sind ganz gut.«
- *Seien Sie offen*: »Gute Nachrichten! Ich musste jemanden um einen Gefallen bitten und auch sofort entscheiden und Sie schon mal buchen, aber wenn Sie den Flug um sechs Uhr früh schaffen, dann sind Sie morgen Mittag in San Francisco.«
- *Zeigen Sie Wärme*: »Ich hoffe, dass Sie eine schöne Zeit haben werden. Ich bin mir sicher, dass sich Ihre Tochter sehr über Ihren Besuch freuen und wohl überrascht sein wird, dass Sie es geschafft haben.«

Ein Vorteil unseres Online-
dienstes besteht darin, dass
Sie keiner Leibesvisitation unter-
zogen werden, wenn Sie zu
uns kommen.

Der Unterschied zwischen Flunkern und Bestärken ist manchmal nicht so groß. Wenn Sie einem Kunden sagen, dass »alles gut ausgehen wird«, wenn die Sache auch schieflaufen könnte, ist das keine akzeptable Möglichkeit, mit einer Situation umzugehen. Bei der Wahrheit zu bleiben, ohne Risiken überzubewerten, ist die eindeutig bessere Methode.

- *Zeigen Sie Selbstvertrauen*: Wenn Sie zögerlich erscheinen, die Wünsche Ihres Kunden zu erfüllen, oder sich Ihrer selbst nicht sicher, untergraben Sie sein Vertrauen, selbst wenn es Ihnen gelingt, ihn zufriedenzustellen. Ein einfaches: »Ich weiß nicht, ob wir das so kurzfristig noch ändern können, aber lassen Sie es mich versuchen – kann ich Sie gleich zurückrufen oder möchten Sie in der Leitung bleiben?« beweist Ihr Selbstvertrauen in hohem Maße.
- *Und am allerwichtigsten: Halten Sie Ihre Versprechen ein.* Nichts erschüttert das Vertrauen des Kunden mehr, als wenn Sie nicht halten, was Sie versprochen haben. Oft erhält weder der Monteur, der nicht zur verabredeten Stunde erscheint, noch die Bankangestellte, die nicht zur vereinbarten Zeit zurückruft, um den Fehler in der Kontoabrechnung zu besprechen, eine zweite Chance, um das Vertrauen des Kunden erneut aufzubauen. Wenn Sie merken, dass Sie ein Versprechen nicht halten können, teilen Sie das Ihrem Kunden unverzüglich mit.

# Vertrauen und Wiedergutmachung

Der Kern der psychologischen Seite der Wiedergutmachung von aufgetretenen Servicefehlern besteht darin, Vertrauen wiederherzustellen; Ihr Kunde soll wissen, dass Sie Versprechen, die Sie machen, einhalten können und werden. Kathleen Seiders, Associate Professor am Boston College, weist darauf hin, dass Vertrauen besonders erschüttert wird, wenn sich Kunden verletzlich fühlen; das heißt, wenn ihnen klar wird, dass sie auf Sie angewiesen sind und es an Ihnen liegt, die Dinge zu regeln, und sie selbst wenig oder gar nichts tun können. Dieses Gefühl von Verletzlichkeit – und die Reaktion des Kunden auf einen nicht erfolgten Service – ist am stärksten, wenn der Kunde spürt, dass ihm Folgendes fehlt:

- *Information:* Die Kunden wissen nicht, was los ist oder wie lange es dauern wird, bis alles wieder in Ordnung ist.
- *Wissen:* Der Kunde könnte das Auto gar nicht selbst reparieren oder die Buchung vornehmen. Alle Trümpfe liegen in Ihrer Hand.
- *Wahlmöglichkeit:* Für Ihren Kunden gibt es keine alternative Lösung seines Problems. Für ihn sind Sie die einzige Hoffnung.
- *Zuflucht:* Der Kunde hat das Gefühl, dass nur Sie in der Lage sind, sich dieses Computers, Autos oder Problems anzunehmen. Vertraglich gesehen steht es dem Kunden möglicherweise frei, einen beliebigen Dritten darum zu bitten, aber aus seiner Sicht gibt es nur Sie und Sie allein.

Vertrauen stellen Sie am besten wieder her, indem Sie den Kunden in die Problemlösung einbeziehen: »Beschreiben Sie mir genau, wie das war, als der Rasenmäher seinen Geist aufgab« oder »Erzählen Sie mir doch, wie dieses Problem sich zum ersten Mal bemerkbar machte«. Dies bestärkt ihn darin, dass sein Problem lösbar ist und auch gelöst wird.

*»Wenn sich der Kunde verletzlich fühlt, ist Vertrauen unerlässlich.«*

*Leonard L. Berry*
*Serviceexperte*

# 12. Tun Sie das Richtige – egal, was anliegt

> »Setzen Sie in allen Situationen Ihren gesunden
> Menschenverstand ein. Weitere Regeln gibt es nicht.«
>
> *Nordstrom Inc., Handbuch für Mitarbeiter*

Überlegen Sie einmal, wie frustrierend es ist, wenn Sie die gebührenfreie Rufnummer eines Unternehmens wählen, nur um von einem automatischen Telefonmenü begrüßt zu werden. Obwohl die Stimme vom Band vielleicht freundlich klingt und Sie ständig daran erinnert, dass »Sie ein geschätzter Kunde« sind, warten Sie geduldig, ohne eine Option zu hören, von der Sie auch nur annähernd glauben, dass sie auf Ihre Frage wirklich zutrifft. Weil Sie nur aus den angebotenen Optionen auswählen können, entscheiden Sie sich schließlich frustriert für eine, die wohl ungefähr passen dürfte. Wenn Sie dann endlich eine menschliche Stimme am Ohr haben, erläutern Sie freudig den Grund Ihres Anrufs. Und wie fühlen Sie sich, wenn Sie dann Folgendes hören müssen: »Oh, das tut mir leid, da sind Sie bei uns falsch. Einen Augenblick, ich verbinde Sie ...«?

In einer Umfrage, die 2008 von dem US-amerikanischen Marktforschungsinstitut Convergys durchgeführt wurde, gaben 64 Prozent der Befragten an, dass es entscheidend für guten Kundenservice sei, wie beim ersten Kontakt auf die Bedürfnisse des Kunden eingegangen wird. Wenn Sie das Problem sofort lösen oder eine Frage in einem freundlichen, effizienten Telefonat, einer Twitter-Interaktion oder einer E-Mail beantworten können – ohne Warteschleifen, Weiterverbinden oder Rückrufe –, steigt die Kundenzufriedenheit erheblich an.

Sie erhöhen Ihre Reaktionsfähigkeit (wir haben das in Kapitel 7 besprochen), wenn Sie bereit sind, Verantwortung für den Kunden zu übernehmen. Auch wenn die Hilfe, die der Kunde benötigt, nicht in Ihren Aufgabenbereich fällt, sind doch Sie es, der just in diesem Moment mit ihm interagiert, und Sie sollten es sich zur Aufgabe machen, diesem Kunden weiterzuhelfen. Sie können die benötigten Informationen besorgen und ihn zurückrufen oder die Antwort direkt liefern. Viele Unternehmen bieten mittlerweile einen »Alles aus einer Hand«-Service an, weil sie ihren Kunden vermitteln wollen: »Wir helfen Ihnen gleich beim ersten Mal.« Vermeiden Sie es, wann immer möglich, den Kunden weiterzuverbinden.

## Über Geschenke

Ein Wechsel der Perspektive kann Servicemitarbeitern dabei helfen, diese Vorstellung, Verantwortung zu übernehmen, einmal ganz anders zu betrachten. Wenn sich ein Kunde die Zeit nimmt, Ihr Unternehmen zu kontaktieren, sollten seine Kommentare, Vorschläge, Fragen oder Beschwerden als Geschenk gesehen werden. Ja, als Geschenk! Ein Kunde, der in seiner Verwirrung, mit seinem Problem oder seinem Mangel an Informationen auch einfach woanders hätte hingehen können, nimmt sich die Zeit, Sie auf diese Situation hinzuweisen – und, am wichtigsten, gibt Ihnen somit die Gelegenheit, für ihn tätig zu sein. Keine Frage, das ist ein wahres Geschenk.

## Das Richtige tun vs. Dinge richtig tun

»Das Richtige tun« und »Dinge richtig tun« sind zwei verschiedene, aber gleichermaßen wichtige Aspekte für jeden, der einen umwerfenden Service bieten möchte.

Dinge richtig tun hat mit Kenntnissen und deren Aneignung zu tun: Wissen im technischen Bereich, Geschick im Umgang mit Menschen, Kenntnis der Bedürfnisse und Erwartungen der Kunden, Wissen um die Produkt- und Dienstleistungspalette des Unternehmens und die Fähigkeit, Fragen der Kunden nach dem Wie und Warum zu beantworten.

Das Richtige tun ist handlungsorientiert, es geht darum zu entscheiden, welches Vorgehen in einer gegebenen Situation das beste ist. Dazu gehört, dass man beurteilen kann, wie sich die Produkte und Dienstleistungen der Firma für den Kunden einsetzen lassen – und dass man manchmal auch an Einsatzmöglichkeiten denkt, die er nicht nachgefragt, ja an die er vielleicht noch nicht einmal gedacht hat. Und es geht darum zu entscheiden, ob man einem Kundenwunsch nachkommt oder nicht.

Das Mitarbeiterhandbuch der Warenhauskette Nordstrom ist schon fast zur Legende geworden. Die bestechend einfache und einzige Regel darin lautet: »Setzen Sie in allen Situationen Ihren gesunden Menschenverstand ein.« Das Fehlen weiterer Regeln bedeutet jedoch nicht, dass die Mitarbeiter völlig orientierungslos sind. Nordstrom-Mitarbeiter – jene sagenumwobenen Meister des umwerfenden Service – werden dazu ermutigt, sich in Zweifelsfällen Unterstützung bei ihren Vorgesetzten zu holen. Dazu heißt es bei Nordstrom:

»Bitte scheuen Sie sich nicht, dem Abteilungsleiter, dem Filialleiter oder dem Gebietsleiter jederzeit jede beliebige Frage zu stellen.«

Natürlich funktioniert eine solche Richtlinie nur, wenn Vorgesetzte Fragen als Lehrmöglichkeiten betrachten und nicht als Ärgernis oder Störung ihres Arbeitsalltags. Bei Nordstrom finden Sie Führungskräfte, die ihre Mitarbeiter professionell und aus Überzeugung coachen. In Orientierungs- und Trainingskursen lernen Nordstrom-Mitarbeiter, was für ihre Kunden »das Richtige tun« bedeutet. Dies kann manchmal auch heißen, einen Artikel anstandslos zurückzunehmen oder mit dem Kunden in eine andere Abteilung zu gehen – manchmal sogar in ein Geschäft der Konkurrenz –, damit er genau das Accessoire zu seiner Kleidung bekommt, das er sich vorstellt. Und das Ergebnis? In ganz Amerika hören Sie Geschichten über den legendären Stil des Nordstrom-Service. Selbst Amerikaner, die noch nie ein Nordstrom-Kaufhaus von innen gesehen haben (das Unternehmen ist hauptsächlich an der Westküste vertreten), kennen diese Geschichten. Und wenn die Zuhörer dann kopfschüttelnd sagen: »Schön und gut, aber wie lange wird sich Nordstrom mit dieser Geschäftsstrategie halten können?«, dann wird bestimmt einer das schlagende Argument anführen: Im Einzelhandel verzeichnet Nordstrom regelmäßig die höchsten Umsätze pro Quadratmeter Verkaufsfläche. Aber das Unternehmen ist nicht nur in dieser Beziehung unübertroffen: Kein anderes Unternehmen bedient seine Kunden derart gut und verdient dabei auch noch so viel Geld!

# Kann es jemals falsch sein, »das Richtige tun«?

Viele Profis im Kundenkontakt, aber auch viele Führungskräfte haben instinktiv eine gewisse Furcht vor solch simplen Anweisungen wie: »Tun Sie das Richtige!« Ihre Sorge ist verständlich; haben wir nicht schon hundertfach gehört, welche schrecklichen Folgen es hat, wenn man »den Laden herschenkt«? Aber Sie werden diese Angst überwinden, wenn Sie auf gesunden Menschenverstand und Kompetenz durch Erfahrung vertrauen.

**Tipp:** Nehmen Sie sich hin und wieder Zeit – vielleicht eine Stunde alle zwei Wochen – für einen Erfahrungsaustausch mit Ihren Kollegen. Erzählen Sie von Ihren Erfolgen und von Ihren Fehlschlägen bei schwierigen Problemen und Kunden. Denn häufig gilt: Wenn Sie irgendwo ein Problem hatten, dann hatten Ihre Kollegen es sehr wahrscheinlich auch.

Würden Sie etwa Ihren Laden herschenken? Bestimmt nicht, genauso wenig wie das den Mitarbeitern von Nordstrom in den Sinn käme. Vom unternehmerischen Standpunkt her macht es wenig Sinn, gute Mitarbeiter einzustellen, sie mit viel Aufwand einzuarbeiten, ein kundenfreundliches System und ein kooperatives Management zu ihrer Unterstützung bereitzustellen, aber ihnen dann die Möglichkeit zu verwehren, Entscheidungen zum Wohle der Kunden zu treffen (oder ruhig dabei zuzusehen, wie sie gute Möglichkeiten verschenken). Keine Sorge, Ihre Arbeit gerät nicht außer Kontrolle, denn Sie selbst kontrollieren sie mit Ihrem gesunden Menschenverstand. Einzig aus diesem Grund hat Ihre Firma Ihnen bereits ihr allerkostbarstes Gut anvertraut – den Kunden, die Zukunft ihres Geschäfts.

Ihr gesunder Menschenverstand ist in jeder Branche gefragt. Wenn Sie mit Ihrer Arbeit vertraut sind, aber nicht wissen, was Sie in einer kritischen Situation tun sollen, dann stellen Sie sich die folgenden drei Fragen:

1. *Verletzt die geplante Handlung eine »rote Regel« oder wird nur eine »blaue Regel« frei interpretiert?* Wenn es sich um eine rote Regel handelt, dann ist hier meist Schluss. Wenn die Krankenpfleger im St. Lukas Hospital in Milwaukee von einem Patienten um ein Glas Wasser gebeten werden, wissen sie, dass sie zuerst die verantwortliche Schwester

fragen müssen. Denn dürfte der Patient nur eine bestimmte Menge oder gar keine Flüssigkeit zu sich nehmen, dann wäre dieser simple Akt eine Verletzung einer roten Regel.

2. *Wenn es sich um eine »blaue Regel« handelt, wäre dann der Kunde besser bedient, wenn Sie gegen die Regel verstoßen?* Die Tatsache, dass man eine blaue Regel frei auslegen *darf*, bedeutet nicht, dass man sie frei auslegen *muss*. Die Fensterreinigung am historischen Foshay Tower in Minneapolis wird stets unter der Woche während der normalen Arbeitszeiten erledigt – eine de facto blaue Regel. Die Hausverwaltung richtet aber auch gerne Wochenendtermine ein, wenn ein Mieter es wünscht. Aber sie schickt immer voraus: »Unsere Fenster stammen aus dem Jahr 1929. Wir öffnen sie, damit wir die Außenseite von innen putzen können. Dass wir sie lieber unter der Woche reinigen, hat folgenden Grund: Entdecken wir ein Fenster, das repariert werden muss, dann können wir dies sofort in die Wege leiten. Dadurch können wir vermeiden, dass ein Mieter unter einem zugeklebten Fenster oder einem Provisorium aus Brettern zu leiden hat.«

3. *Wer muss die Entscheidung letztlich treffen?* Finden Sie die verantwortliche Person heraus und handeln Sie dann. Häufig sind Sie es sogar selbst. Wenn die Übertretung einer blauen Regel Risiken oder zusätzliche Kosten mit sich bringt, werden Sie jedoch Ihren Vorgesetzten einschalten müssen. Mit Ihren Antworten auf die Fragen 1 und 2 können Sie Ihrem Vorgesetzten eine sinnvolle Perspektive und einen Aktionsplan vorschlagen.

*» Wenn ein Mitarbeiter eine falsche Entscheidung trifft, kann man das später korrigieren. Wenigstens hat er in gutem Glauben gehandelt. Das gehört zu unserer Verpflichtung gegenüber dem Kunden.«*

Isadore Sharp,
Vorsitzende der Four Seasons Hotels

# 13. Zuhören ist eine Kunst, die man erlernen kann

>»Ob der Kunde durch die Tür, über das Internet oder
das Telefon zu Ihnen kommt – in dem Wissen, das Sie
aus diesen Interaktionen gewinnen können,
steckt jede Menge Gold. Passen Sie also gut auf!«
>
> *Ann Thomas und Jill Applegate.*

Soziale Medien haben die Möglichkeiten, Kunden zuzuhören, auf den Kopf gestellt. Sie übersteigen mittlerweile alles, was man vor zehn Jahren noch nicht einmal zu träumen gewagt hätte. Heute ist es sehr einfach für Ihre Kunden, etwas über Ihr Unternehmen zu sagen; und für Ihr Unternehmen ist es ein Kinderspiel zuzuhören. Unglaublich viele Möglichkeiten der Kommunikation stehen Ihnen dafür offen. Und ein offenes Ohr für die Wünsche der Kunden zu haben ist ein Muss für jeden Anbieter eines umwerfenden Service. Solchen Dienstleistern ist klar, dass hier Goldnuggets versteckt sind. Für solche Unternehmen sind ihre Mitarbeiter an der Servicefront – ob sie nun persönlichen Kontakt zum Kunden haben oder über soziale Medien und das Internet (oder, in kleineren Unternehmen, beides) im Dialog stehen – die wahren Schätze in der Goldmine Kundenservice. Richtig, damit sind Sie gemeint! Weit vor allen anderen in der Organisation wissen Sie schon Bescheid über abnehmende Servicequalität, wiederkehrende Probleme oder Serviceausfälle, die Ihre Kunden in die Arme der Konkurrenz treiben. In diesem Sinne sind Sie das Ohr Ihres Unternehmens.

# Der Wert des Zuhörens

Die meisten Menschen nehmen nur etwa 25 Prozent von dem auf, was sie hören. Was geschieht mit den restlichen 75 Prozent? Sie werden einfach überhört und ausgeblendet, als hätten wir sie gar nicht gehört. Zuhören ist jedoch derart wichtig, dass es verwundern kann, wie wenig es uns gelingt. Zu einem guten Service gehört das Zuhören, Verstehen und das Eingehen auf die Kunden. Deshalb ist gutes Zuhören eine wichtige Fertigkeit, die sich jeder aneignen sollte, der einen umwerfenden Service bieten möchte. Gutes Zuhören bedeutet:

- Sie finden heraus, was die Kunden wollen und brauchen.
- Sie vermeiden Missverständnisse und Irrtümer.
- Sie erhalten Hinweise darauf, wie Sie Ihren Service verbessern können.
- Sie bauen langfristige Kundenbeziehungen auf.

Es ist wichtig, aktiv und dynamisch zuzuhören. Damit Sie Ihre Kunden gut bedienen können, müssen Sie so genau wie möglich wissen, was diese wollen. Sie müssen herausfinden, wie und wann sie das Gewünschte wollen, wie viel sie zu zahlen und wie lange sie zu warten bereit sind und welche Erwartungen sie an Ihren Service herantragen. Wer gut zuhört, braucht nicht zu rätseln – und dabei zu riskieren, eine falsche Lösung anzubieten. Ein Kunde ist immer willens, bereit und in der Lage, Ihnen alles (oder zumindest beinahe alles) zu sagen, was Sie wissen müssen. Hören Sie besonders bei den »Problempunkten« der Kunden gut zu und agieren Sie schnell, um die Lage zu bereinigen.

**Tipp:** Lassen Sie Ihre Kunden wissen, dass Sie zuhören, indem Sie sich wichtige Informationen und Ideen notieren. Aber lassen Sie sich nicht durch das Vorformulieren einer Gegenrede vom Wesentlichen ablenken. Wenn Sie antworten, können Sie die wesentlichen Punkte, die der Kunde vorgebracht hat, wiederholen und darauf eingehen. Auch wenn Sie nur die einfachen und offensichtlichen Aspekte wiederholen: Sie bestätigen dem Kunden damit, dass Sie ihm zugehört und ihn verstanden haben und nun bereit sind, auf sein Anliegen, seine Fragen oder sein Problem einzugehen.

# Gutes Zuhören kann man lernen

Manche Menschen scheinen besser als andere zuhören zu können. Diese Fertigkeit ist ihnen aber keineswegs in die Wiege gelegt worden; sie haben einfach etwas früher als andere begonnen, sich darin zu üben. Zuhören ist eine Fähigkeit, die man umso besser beherrscht, je öfter man sie ausübt. Deshalb ist es auch nie zu spät, sie zu trainieren. Übrigens hat der Zuhörende in jeder Art von Gespräch einen gewaltigen Vorteil: Menschen sprechen mit einer durchschnittlichen Geschwindigkeit von 125 bis 150 Wörtern pro Minute, sind aber in der Lage, bis zu 450 Wörter pro Minute zu hören! Das heißt, dass wir beim Zuhören Zeit genug haben, das Wesentliche, was ein Sprecher übermitteln will, herauszuhören und so zu ordnen, dass wir wirkungsvoll darauf reagieren können.

Vergewissern Sie sich, dass Sie das Anliegen des Sprechers richtig verstanden haben:

1. Wenn die Sachlage komplex ist, bestätigen Sie, dass Sie alles verstanden haben, indem Sie die Informationen wiederholen: »Gut. Lassen Sie mich rekapitulieren. Sie haben mir einige wichtige Punkte genannt, und ich möchte sichergehen, dass ich Sie richtig verstanden habe. Sie haben gesagt, dass ...«
2. Fragen Sie bei Unklarheiten nach: »Möchten Sie das multifunktionale Jumbogerät mit automatischer Sperrvorrichtung oder das Alleskönner-Minimodell mit Leuchtziffern?«
3. Lesen Sie entscheidende Informationen noch einmal vor und überprüfen Sie die richtige Schreibweise von Namen und Firmenanschriften. Vergewissern Sie sich, dass Sie Telefonnummern, Internetseiten oder E-Mail-Adressen richtig notiert haben. Für Sie selbst ist dies eine Hilfe und für den Kunden die Bestätigung, dass Sie ihm richtig zugehört haben.

# Hindernisse beim effektiven Zuhören

Eine ganze Reihe von Dingen kann gutes Zuhören erschweren:

- *Lärm:* Lärm am Arbeitsplatz ist gutem Zuhören abträglich. Kann man den Kunden gut verstehen, wenn er in normaler Lautstärke spricht?

Oder wird er übertönt von lauter Musik, der Geräuschkulisse des Arbeitsplatzes oder den Stimmen der Kollegen und Kunden? Andererseits können zu wenige Geräusche ein Unbehagen beim Kunden auslösen. Er sollte nicht das Gefühl haben, flüstern zu müssen, damit seine persönlichen Informationen vertraulich bleiben.

- *Unterbrechungen:* Kommunikation findet nur dann statt, wenn zwei Menschen zusammen daran arbeiten. Haben Sie schon einmal versucht, jemandem etwas zu erklären, der ständig Telefonanrufe entgegennimmt oder über Ihre Schulter hinweg seinen Mitarbeitern Anweisungen zuruft? Solche vermeidbaren Unterbrechungen signalisieren dem Kunden: »Sie sind nicht wichtig« oder »Ich will Ihnen nicht zuhören«. Und in der heutigen Zeit, in der es an jedem Arbeitsplatz vor technischen Geräten und Einrichtungen nur so wimmelt, können auch die ständigen Erinnerungen an neue E-Mails, SMS, eingegangene Anrufe oder Tweets sehr störend für Sie und Ihren Kunden sein.

- *Tagträume:* Auch Sie selbst können Verursacher einer Unterbrechung sein. Wenn Ihre Gedanken zum gestrigen Kinofilm abschweifen, Sie immer noch den Ehestreit von heute Morgen durchspielen oder überlegen, wie Sie dem Kunden antworten wollen, dann kann sich das ebenso negativ auf Ihre Zuhörfähigkeit auswirken, als würden Sie im Händlersaal der Wall Street arbeiten. Konzentrieren Sie sich auf Ihre Kunden.

- *Technologien:* Viele der modernen Technologien erschweren das effektive Zuhören, auch wenn sie manche Formen der Kommunikation überhaupt erst möglich machen. Handys, Konferenzschaltung, sprachgesteuerte Geräte und Sprechanlagen leisten uns durchaus gute Dienste. Aber es ist andererseits viel schwieriger, jemandem zuzuhören, den man nicht sehen kann oder dessen Stimme durch technische Mittel verzerrt ist. Auch der Bildschirm auf Ihrem Schreibtisch kann im Weg sein. Statt zu versuchen, der Kundin zuzuhören und zugleich nach ihrem Kundenkonto zu suchen, können Sie einfach sagen: »Okay, Frau Schmidt, lassen Sie mich Ihr Kundenkonto aufrufen ... Da ist es auch schon. Gut, lassen Sie uns das nun gemeinsam durchgehen, damit ich alle Einzelheiten erfassen kann.«

- *Vorurteile:* Wer seinen Mitmenschen mit vorgefasster Meinung gegenübertritt und sie sofort nach Aussehen, Benehmen oder Ausdrucksweise in Schubladen sortiert, macht es sich schwer zu verstehen, was jemand wirklich sagt. Einmal falsch begonnen, passt man alles, was man später sieht, hört oder erlebt, an sein vorgefertigtes Bild an. Und damit liegt man häufig falsch.

- *Reizworte:* Jeder hat seine wunden Punkte und persönlichen Schwachstellen, auf die der Kunde versehentlich stoßen kann. Wenn dies passiert, setzt das Zuhören oft ganz aus. Denken Sie daran, dass Sie erfassen müssen, was der Kunde will, egal welche Formulierungen er benutzt. Worte, bei denen Sie rotsehen, können völlig harmlos gemeint sein. (Und selbst wenn der Kunde gerade ein Donnerwetter über Ihre letzte Leistung loslässt, so beweisen Sie Würde und guten Stil, wenn Sie es über sich ergehen lassen.)

- *Innere Einstellung:* Ihr Charakter und Ihre innere Einstellung beeinflussen das, was Sie hören und wie Sie darauf reagieren. Defensiv veranlagte Menschen drehen und wenden jedes einzelne Wort und suchen nach einem verborgenen Sinn. Offensiv veranlagte Typen neigen dagegen eher zum Streiten, formulieren bereits Argumente im Stil von »Lassen Sie mich mal eines klarstellen«, bevor der andere überhaupt ausgeredet hat. Ihre innere Einstellung sollte Ihnen das Zuhören vereinfachen, statt es zu erschweren.

# Ganz Ohr sein

Einige der wichtigsten und ganz einfach umsetzbaren Rückmeldungen stammen aus den alltäglichen persönlichen Interaktionen mit Ihren Kunden. Es liegt in Ihrem besten Interesse, Erkenntnisse, Wutausbrüche oder Vorschläge aus diesem alltäglichen Kundenkontakt herauszufiltern, zu sammeln, zusammenzufassen und sie andere in Ihrem Unternehmen wissen zu lassen. Zuhören muss auf einer einfachen, aber wichtigen Frage basieren: Auf welche Servicefaktoren kommt es Ihnen hauptsächlich an, wenn Sie mit uns Geschäfte machen?

Ebenfalls wichtig ist es, auf die Dinge zu achten, die man nicht hört – die der Kunde nicht sagt. Wenn ein Kunde, der Ihnen stets für die prompte Ausführung eines Auftrags gedankt hat, dies auf einmal nicht mehr tut, dann ist er möglicherweise nicht mehr ganz zufrieden mit Ihrer Leistung. Wenn er auf Ihre Nachfrage hin seufzt und sagt: »Na ja, war schon recht so«, dann sollten Sie laut und deutlich eine ganz andere Antwort heraushören – nämlich jene, dass hier ein bislang loyaler Kunde still und leise zur Konkurrenz abwandern könnte. Nehmen Sie solche unschlüssigen Antworten zum Anlass, gleich nachzuhaken, und fragen Sie ihn: »Gibt es denn nicht noch etwas, was wir besser machen könnten?« Statistiken zeigen, dass viele Kunden es bevorzugen, den Anbieter zu wechseln, als sich offen über ein Problem zu beschweren.

*»Der Kunde kauft nicht, weil er alles verstanden hat.
Er kauft, weil er sich verstanden fühlt.«*

*Goldene Verkaufsregel*

# 14. Stellen Sie intelligente Fragen

> »Es ist besser, einige Fragen als alle Antworten zu kennen.«
>
> *James Thurber*

Häufig können Kunden ihre Wünsche und Bedürfnisse nicht klar ausdrücken oder wissen noch nicht genau, was sie wollen oder brauchen. Ein Kunde, der auf die Frage »Was kann ich für Sie tun?« antwortet: »Ich weiß nicht so recht …«, sagt wenigstens ehrlich, was viele andere nur denken. Ihre Aufgabe ist es nun, ihm herausfinden zu helfen, was er will.

Um erfolgreich mit Kunden ins Geschäft zu kommen, die nicht genau wissen, was sie wollen, oder sich nur schlecht artikulieren können, müssen Sie den Spürsinn eines Detektivs entwickeln. Genau wie Sherlock Holmes, Miss Marple oder die Kriminologen von CSI müssen sie nach Hinweisen und Anhaltspunkten suchen. Gewappnet mit einem guten Fragenarsenal wird Ihnen das sicher gelingen.

Es gibt drei Kategorien von Fragen, die Ihnen bei Ihrer Suche nach Anhaltspunkten helfen. Mit ihnen können Sie herausfinden, was ein unsicherer Kunde von Ihnen braucht.

## Fragen zum Hintergrund

Fragen zum Hintergrund sind die Einführung zu Ihrem Gespräch. Mithilfe dieser Fragen erfahren Sie, mit wem Sie reden, und können ein Kundenprofil entwickeln oder eine Kundenakte zurate ziehen. Außerdem können Sie durch diese Fragen herausfinden, ob Sie selbst dem Kunden weiterhelfen können oder ob Sie ihn an einen anderen Berater oder an eine andere Abteilung verweisen müssen.

- »Sind Sie schon Kunde bei uns?«
- »Sagen Sie mir bitte Ihre Kundennummer – sie steht auf dem Adressfeld auf der Rückseite Ihres Katalogs.«
- »Ich habe zunächst ein paar Fragen zu Ihrer Krankengeschichte. Haben Sie schon eine der folgenden Krankheiten gehabt …?«

Manchmal mögen Kunden solche Fragen nicht. »Warum müssen Sie denn das alles wissen?«, fragt der eine. Ein anderer protestiert vielleicht: »Das habe ich Ihnen das letzte Mal schon alles erzählt. Können Sie denn nicht in Ihren Akten nachsehen?« Sie können die Kunden beruhigen, indem Sie im Voraus erklären, warum Sie diese Informationen brauchen. Wir nennen dies die Technik der Vorschau. Hier einige Beispiele:

- »Ich verstehe Ihre Vorbehalte, Frau Müller. Wenn Sie so freundlich wären, mir dennoch einige Fragen zu beantworten, dann kann ich Sie gleich mit dem richtigen Sachbearbeiter verbinden.«
- »Ich muss Ihnen zunächst ein paar Fragen zu Ihrer Krankengeschichte stellen. Wir tun dies bei jedem Termin, um sicherzustellen, dass unsere Patientendaten korrekt und aktuell sind.«

Die Technik der Vorschau versichert dem Kunden, dass Sie sich gut um ihn kümmern, und erklärt den Sinn Ihrer Fragen zum Hintergrund.

## Fragen zur Sondierung

Sondierungsfragen helfen bei der genaueren Vertiefung des Wunsches, des Problems oder der Beschwerde des Kunden. Dadurch kann man die relevanten Aspekte herausfiltern und anfangen, eine Lösung zu entwickeln. Grundsätzlich gibt es zwei Typen von Fragen: geschlossene und offene. Geschlossene Fragen werden im Allgemeinen mit einem Ja oder Nein oder einer bestimmten Information beantwortet, beispielsweise: »Wie lautet Ihre Kundennummer?« Offene Fragen erfordern meist längere Erklärungen und laden den Kunden in ein Gespräch ein. Sondierungsfragen sind deshalb eher offene Fragen.

- »Können Sie mir mehr über die geplante Veranstaltung erzählen – wer wird kommen, was erwarten die Gäste und was kann besser gemacht werden als beim letzten Mal?«
- »Für welche Zwecke brauchen Sie Ihr neues Fahrrad?«
- »Was passierte, nachdem Sie den Videorecorder angeschlossen hatten?«

Denken Sie daran, dass Sondierungsfragen eine gute Möglichkeit sind, Informationen zu sammeln. Auch wenn die Antwort Ihres Kunden unlogisch oder falsch klingt, bestreiten Sie dies bitte nicht. Stellen Sie stattdessen weitere Sondierungsfragen.

Ein gutes Hilfsmittel, um Sondierungsfragen zu formulieren, sind die fünf W-Fragen: wer, was, wann, wo, warum. Journalisten haben sie entwickelt und bedienen sich ihrer seit langer Zeit.

- »Wer war davon betroffen?«
- »Was erwarten Sie als nächsten Schritt?«
- »Wann soll der Einbau abgeschlossen sein?«
- »Wo ist das Originalteil zerbrochen?«
- »Ich möchte herausfinden, warum dies passiert ist, damit es nicht noch einmal geschieht. Haben Sie schon eine Idee?«

Welche Fragen Sie genau stellen müssen, ist natürlich von Fall zu Fall verschieden. Wenn Sie Zweifel haben, können Sie fast immer auf die bewährte Grundform der Sondierungsfrage zurückgreifen: »Können Sie mir mehr darüber erzählen?«

**Hinweis:** Vorsicht bei Fragen, die mit »Warum« beginnen! Solche Fragen können den Eindruck erwecken, Sie würden den Kunden beschuldigen oder ihn für den Verursacher des Problems halten, das er gerade beschreibt.

## Fragen zur Absicherung

Mit Absicherungsfragen vergewissern Sie sich, ob Sie die Ausführungen des Kunden richtig erfasst haben. Diese Art Fragen bestätigen zum einen dem Kunden, dass er richtig verstanden wurde. Zum anderen hat er die Möglichkeit, fehlende Informationen oder erklärende Details zu ergänzen.

- »Nun zur Nachsorge, die Dr. Klinge angeordnet hat. Die Übungen sind der wichtigste Teil, und sie sind nicht ganz einfach. Sollen wir sie noch einmal zusammen durchgehen?«
- »Es wäre Ihnen also damit geholfen, wenn wir einen Teil der Ware heute an Sie liefern, sodass Sie bis Montag damit auskommen?«

Es ist immer verführerisch, das Schweigen eines Kunden als Einverständniserklärung aufzufassen. Wenn ein Kunde nichts mehr sagt, so kann dies jedoch auch bedeuten, dass er resigniert hat oder enttäuscht oder wütend ist. Vielleicht ist ihm auch nur peinlich, sein Unverständnis zuzugeben. Wenn Ihre Absicherungsfrage eher wie eine Feststellung als eine Frage klingt, dann sollten Sie besser noch einmal nachhaken:

- »Lassen Sie mich noch einmal prüfen, ob ich alles richtig verstanden habe. Vor dem 15. des Monats ziehen Sie also nicht ein. Aber Sie wollen die Wohnung schon vorher renovieren, brauchen das Telefon also bereits ab dem 11. des Monats. Das Telefon in Ihrer alten Wohnung wiederum soll erst am 16. abgestellt werden. Ist es so richtig?«

**Tipp:** Hat Ihnen jemals ein Mensch prüfend in die Augen gesehen und dabei mit leiser, besonnener Stimme gefragt: »Haben Sie das auch alles verstanden?« Dann wissen Sie bestimmt, wie demütigend man diese Situation empfinden kann. Achten Sie daher genau auf Ihren Tonfall und Ihre Worte, damit Ihre Absicherungsfrage nicht klingt wie: »Nur ein Idiot würde das nicht verstehen. Sind Sie ein Idiot?«

## Wenn Ihre Fragen das Ziel verfehlen

Eine richtige Frage zum falschen Zeitpunkt oder ungünstig formuliert kann im Nu die Atmosphäre Ihres Servicegesprächs zerstören, an der Sie so mühsam gearbeitet haben. Wenn das Gespräch ungünstig verläuft, ist meist einer der folgenden vier Fälle eingetreten:

1. *Sie haben Ihre Frage zur falschen Zeit gestellt.* Vielleicht war einfach nur die Reihenfolge Ihrer Fragen unpassend. Es gibt eine logische Abfolge für Fragen in einem Gespräch. Zum Beispiel ist es üblich, den Kunden am Anfang des Gesprächs nach seinem Namen zu fragen. Es kann peinlich sein, wenn man dies erst nach einem halbstündigen Gespräch tut.
2. *Der Kunde hat den Eindruck, Sie fragen nach Dingen, die Sie schon wissen oder die Sie eigentlich wissen sollten.* Setzen Sie deshalb die Technik der Vorschau ein, damit klar wird, warum Sie diese Frage stellen.
   »Ich weiß, Herr Schmidt hat Ihre Nummer bereits, aber könnten Sie sie mir bitte noch mal geben, damit ich sie hier gleich dazuschreiben kann?«
3. *Der Kunde hat das Gefühl, dass Sie zu viele Fragen stellen.* Stellen Sie nur Fragen, die für Sie und den Kunden relevant sind.
   »Wie geht es Ihnen? Sind Sie die Besitzerin des Hauses? Rufe ich zu einem passenden Zeitpunkt an? Hätten Sie ein paar Minuten Zeit, ein paar Fragen für eine Studie, die wir durchführen, zu beantworten?«
4. *Ihre Frage war zu persönlich.* Welche Fragen als zu persönlich und welche als Teil einer Konversation empfunden werden, ist von Mensch zu Mensch verschieden. Wenn Ihnen eine Frage aus Neugierde auf der

Zunge liegt, dann lassen Sie es besser sein. Müssen Sie hingegen eine solche Frage stellen, weil noch eine wichtige Information fehlt, dann wenden Sie die Technik der Vorschau an, damit der Kunde den Grund für diese Frage kennt.

»Damit wir den bestmöglichen Finanzierungsplan für Sie aufstellen können, muss ich Ihnen einige wichtige persönliche Fragen stellen. Selbstverständlich werde ich diese Informationen vertraulich behandeln. Haben Sie dazu noch eine Frage, bevor wir beginnen?«

*»Nur wenn Sie beginnen, die richtigen Fragen zu stellen, sind Sie auf dem Weg zu den richtigen Antworten.«*

Dorothy Leeds
Smart Questions: A New Strategy
for Successful Managers

# 15. Worte, mit denen man andere gewinnt

> »Höflichkeit bewirkt viel und kostet nichts.«
>
> *Samuel Smiles*
> *Amerikanischer Schriftsteller des 19. Jahrhunderts*

In Amerika gibt es ein Sprichwort: »Stöcke und Steine brechen mir die Beine, aber Worte können mir nichts anhaben.« Als Kinder sagten wir uns diesen Spruch immer zur Beruhigung in Situationen, in denen wir spürten, dass Worte sehr wohl verletzen können. Bestimmt haben auch Sie schon erlebt, dass manches Wort mehr schmerzen kann als ein paar blaue Flecken oder ein gebrochenes Bein.

Worte wirken auf Erwachsene genauso stark wie auf Kinder. Wir können unsere Kunden mit Worten verletzen oder auch besänftigen; es hängt ganz davon ab, wie wir sie einsetzen. Der Serviceprofi, der seine Worte wohlüberlegt wählt, sichert sich bei jeder Dienstleistung einen gewaltigen Vorteil.

## Verbotene Formulierungen

Manche Wörter rufen allein oder in Kombination mit anderen Wörtern augenblicklich negative Vorstellungen hervor. Nancy Friedman, eine Beraterin für Kundendienst und Telefonstil (vielen Amerikanern auch unter ihrem Pseudonym »The Telephone Doctor«™ bekannt), hat fünf solcher verbotener Formulierungen zusammengestellt. Wenn Sie diese benutzen – ob bewusst oder unbewusst –, reagieren Ihre Kunden mit Wut oder Enttäuschung. Wir führen sie hier jeweils mit Friedmans Alternative auf.

| Verbotene Formulierung | Empfohlene Alternative |
| --- | --- |
| »Weiß ich nicht.« | »Mmmmh, das ist eine gute Frage. Lassen Sie mich das kurz nachprüfen. Ich werde es Ihnen gleich sagen können.« |
| »So etwas machen wir nicht.« | »Das ist nicht ganz einfach. Lassen Sie mich überlegen, was wir hier tun können.« Suchen Sie dann nach einer Alternativlösung. |
| »Sie müssen ...« | Formulieren Sie Ihre Ratschläge nicht als Befehl, sondern sagen Sie zum Beispiel: »Was Sie tun können, ist Folgendes ...« oder »Wir können Ihnen dabei auf folgende Weise behilflich sein ...« oder »Wenn das noch einmal passiert, dann sollten Sie folgendermaßen vorgehen ...«. |
| »Warten Sie einen Moment, ich bin gleich wieder zurück.« | »Ich brauche zwei oder drei Minuten (oder wie lange Sie eben wirklich brauchen), um dies zu klären. Könnten Sie so lange am Apparat bleiben/warten?« |
| »Nein« am Anfang eines jeden Satzes. | Wenn Sie zuerst nachdenken, bevor Sie etwas sagen, können Sie jedes »Nein« in eine positive Antwort verwandeln. »Wir können Ihnen Ihr Geld nicht zurückerstatten, aber wir können Ihnen – ohne weitere Kosten – ein Alternativprodukt anbieten.« |

Diese verbotenen Formulierungen machen einen Kunden garantiert wütend, aber es sind nicht die einzigen. Welche Formulierungen (außer den oben genannten) würden Sie verärgern, wenn Sie Kunde wären?

**Tipp:** Stellen Sie selbst eine Liste von verbotenen Wörtern und Sätzen zusammen und überlegen Sie, was Sie stattdessen sagen könnten. Sehen Sie die nachfolgende Liste als Anfang. Ergänzen Sie sie mit Ihren eigenen Erfahrungen und der Ihrer Kollegen. Welche Worte und Formulierungen entlocken dem Kunden garantiert ein freudiges Lächeln? Welche verursachen ein Stirnrunzeln? Gehen Sie beim Vervollständigen der Liste von Ihren Erfahrungen sowohl als Kunde als auch als Serviceprofi aus. (Alle folgenden Beispiele sind übrigens nicht erfunden!)

| Sagen Sie nicht: | Sagen Sie stattdessen: |
| --- | --- |
| »Sie ist gerade in der Kaffeepause«. | »Sie ist im Augenblick nicht zu sprechen.« |
| »Sind wir endlich durch? Haben wir endlich alles?« | »Haben Sie noch einen Wunsch?« |
| »Kein Problem!« | »Gerne!« oder »Selbstverständlich tue ich das für Sie«. |
| »Junger Mann«, »gute Frau«, »Schätzchen« etc. | Den Namen des Kunden (so, wie er oder sie genannt werden möchte). |
| »Das geht mich eigentlich nichts an.« | »Ich kann Ihren Ärger gut verstehen.« |
| »Ja, ja, mach ich gleich.« | »Ich kümmere mich persönlich darum.« |
| »Da sind Sie bei mir an der falschen Stelle.« | »Ich bin für die Kleingeräte zuständig, aber ich verbinde Sie sofort mit der Abteilung, in der Ihnen bestimmt geholfen werden kann.« |
| »Das gehört nicht zu meinen Aufgaben.« | »Normalerweise bin ich nicht in diesem Aufgabenbereich tätig, aber ich weiß, wer Ihnen helfen kann. Lassen Sie mich nachsehen, ob sie verfügbar ist.« |
| »Da drüben« (und in die Richtung zeigen). | »Lassen Sie mich Sie dorthin begleiten« oder: »Sehen Sie dort drüben das blaue Schild? Direkt danach auf der linken Seite.« |

# Die Botschaft hinter den Worten

Selbst dem besten Serviceprofi passiert es hin und wieder, dass er einem Kunden in aller Unschuld etwas sagt, das für ihn selbst rational und vernünftig klingt, den Kunden aber zur Weißglut bringt. Versuchen Sie deshalb, Ihr Augenmerk darauf zu richten, welche Wörter und Formulierungen derartig unerwünschte Reaktionen hervorrufen. Dann werden Sie mit der Zeit auch lernen, heikle Situationen erfolgreich zu entschärfen oder ganz zu vermeiden.

Eine der häufigsten negativen Botschaften, die wir dem Kunden übermitteln – ob bewusst oder unbewusst –, ist, dass wir ihn für dumm halten. Dies empfindet er bei Formulierungen wie »Verstehen Sie?« mit diesem gewissen Unterton. Auch wer den Kunden wie ein vierjähriges Kind behandelt – selbst wenn das Verhalten mancher Kunden tatsächlich an das eines Kindergartenkindes erinnert –, signalisiert gewollt oder ungewollt, dass er sein Gegenüber für dumm hält. Wenn schon Vierjährige nicht von oben herab behandelt werden wollen, wie sollen sich dann erst Erwachsene in dieser Situation fühlen?

Ein Kabelfernsehtechniker beschrieb in einem Newsletter eine gute Methode, die eine Verstehensbasis schafft, ohne den Kunden dabei bloßzustellen. Bei seiner Aufgabe muss der Techniker nämlich wissen, ob der Kunde am anderen Ende der Leitung an der richtigen Stelle beginnt:

»Bevor ich [einem Kunden] bei der Lösung seines Problems helfen kann, muss ich ganz sicher wissen, dass er den richtigen Kanal eingeschaltet hat .... Wenn ich frage ›Haben Sie Kanal 3 eingeschaltet?‹, so antwortet der Kunde ganz automatisch mit ›Ja‹. Es wäre mir peinlich, ihm jetzt zu sagen: ›Gehen Sie zu Ihrem Fernseher und sehen Sie nach, ob Sie wirklich Kanal 3 eingeschaltet haben.‹ Stattdessen sage ich: ›Gehen Sie bitte zu Ihrem Fernsehgerät und schalten Sie auf Kanal 5. Warten Sie zehn Sekunden und schalten Sie dann auf Kanal 3 zurück. Bitte kommen Sie dann wieder ans Telefon und sagen mir, ob das funktioniert hat.‹ Das bringt die Aktion, die für mich wichtig ist, in Gang, ohne dass ich die Aussage des Kunden infrage stellen muss.«

# Mit Skripten überzeugen

Telefonverkäufer oder auf Neudeutsch Telemarketer – also die Menschen, die Sie während des Abendessens anrufen, um Ihnen etwas anzudrehen –, nutzen seit Jahren Skripte, soll heißen vorformulierte Texte, mit denen sie versuchen, schon mal einen Fuß in die Tür zu bekommen.

Servicemitarbeiter haben häufig Hemmungen, Skripte zu verwenden. Sie befürchten, das könnte bei ihren Kunden den Eindruck hinterlassen, sie hätten es mit einem Roboter zu tun oder als hätte da jemand einfach nur auswendig gelernt, was in den unterschiedlichen Situationen zu sagen ist. Und das kann tatsächlich passieren. Muss aber nicht.

Serviceberaterin Gail Boylan, ehemalige leitende Krankenschwester der Baptist Health Group in Pensacola, Florida, kennt diesen Gedanken: »Ich fand die Idee, Skripte zu verwenden, ganz fürchterlich. Mir kam das wie eine Beleidigung der menschlichen Intelligenz vor.« Nichtsdestotrotz ließ sie sich durch ein mehrfach ausgezeichnetes Krankenhaus in Chicago überzeugen, es einmal auszuprobieren, und verfasste mit ihren Kollegen ein paar einfache Skripte – Sätze, die jeder im Umgang mit den Patienten verwenden konnte. Die Skripte stellten förmlich auf den Kopf, wie Patienten und deren Angehörige den Service und die Pflege wahrnahmen.

Eine Gruppe von Krankenschwestern kam auf die Idee, dass es einen Riesenunterschied machen könnte, ein simples »Ich ziehe jetzt diesen Vorhang zu, um Ihre Privatsphäre zu schützen« zu äußern, bevor man damit beginnt, es in die Tat umzusetzen. Und so war es auch: Die Patienten bemerkten plötzlich, wie fürsorglich und aufmerksam das Personal war.

Beim Verlassen eines Patientenzimmers fragten nun auch das Reinigungspersonal, die Schwesternschülerinnen und die Wartungstechniker nach: »Gibt es sonst noch irgendetwas, das ich für Sie tun kann? Ich habe gerade Zeit und könnte Ihnen helfen.« Plötzlich hörte man überall im Krankenhaus Bemerkungen, wie aufmerksam die Mitarbeiter doch seien. Und noch ein ebenso wichtiger Effekt: Die Anzahl der Schwesternrufe, für die es keinen medizinischen Grund gab, ging um 40 Prozent zurück.

Auch Sicherheitsmitarbeiter an Flughäfen benutzen Skripte. Ein einfaches »Vielen Dank für Ihre Geduld«, nachdem die Fluggäste ihre Schuhe ausziehen oder die Laptops aufklappen mussten, trägt zu einer positiven Stimmung bei und zeigt, dass man sich bewusst ist, welche Unannehmlichkeiten heutige Flugreisen mit sich bringen.

Serviceskripte funktionieren am besten, wenn:

- sie kurz und einprägsam sind;
- sie auf Themen eingehen, die Kunden wichtig sind;
- die Mitarbeiter sie umformulieren und in eigenen Worten ausdrücken dürfen, damit das Ganze nicht wie auswendig gelernt klingt.

Die besten Serviceskripte? Ganz einfach. Das sind die, die Sie mit Ihren Kollegen gemeinsam verfasst haben.

*»Der Mensch lebt nicht allein von Worten, obwohl er manche schlucken muss.«*

*Adlai Stevenson,*
*Jurist und Politiker*

# 16. Im persönlichen Kontakt nonverbale Signale verstehen

Die Worte, die wir sprechen, hören oder lesen, sind nur ein kleiner Teil der zwischenmenschlichen Kommunikation. Experten behaupten, dass in Kontakten von Angesicht zu Angesicht mindestens 70 Prozent unserer Kommunikation über nonverbale Signale, das heißt ohne Worte, stattfinden.

Was ist nonverbale Kommunikation? Sie umfasst alles, was wir nicht sagen – unsere Körpersprache, unsere Handlungen, unsere Reaktionen und das Bild, das wir anderen von uns vermitteln. Es gibt neun Grundformen nonverbaler Kommunikation, die Profis in Sachen umwerfender Service genau kennen sollten.

1. *Distanzzonen:* Sie unterhalten sich mit einem Kollegen und haben etwa einen halben Meter Abstand voneinander. Versuchen Sie einmal, sich auf den Kollegen zuzubewegen, bis Ihre Nasenspitzen sich fast berühren. Das mögen Sie beide nicht? Dann geht es Ihnen wie den meisten Menschen. Probieren Sie es einmal mit einem Abstand von zwei Metern, während Sie sich weiter unterhalten. Das wird Ihnen wahrscheinlich ähnlich unangenehm sein. Distanzzonen, also der Abstand, den andere Menschen einhalten sollten, sind von Kultur zu Kultur verschieden. Die meisten Kunden empfinden bei Gesprächspartnern einen Abstand von 45 bis 60 Zentimetern als angemessen.

2. *Blickkontakt:* Wer Blickkontakt herstellt, bestätigt dadurch, dass er seine Kunden als Individuen sieht, sie als solche behandelt und ihnen Aufmerksamkeit schenkt. Sie müssen allerdings das richtige Maß einhalten: Wer einem Blickkontakt ausweicht, wird schnell als unsicher

oder sogar als unehrlich eingestuft. Wer den Blickkontakt hingegen starr beibehält, kann seinen Kunden unangenehme Gefühle bereiten. Die goldene Regel lautet hier: Orientieren Sie sich an Ihrem Gesprächspartner.

3. *Stille:* Kommunikation findet auch dann statt, wenn Sie gar nichts sagen. Ruhig zuzuhören, während der Kunde redet, ist eine Sache der Höflichkeit. Nicken zeigt an, dass Sie zuhören und verstehen, was der Kunde sagt. Schweigen Sie jedoch über längere Zeit, verunsichern Sie Ihr Gegenüber. Dann beginnt sich der Kunde zu fragen, ob er sich nicht verständlich genug ausdrückt oder ob Sie anderer Meinung sind als er. Ein gelegentliches »Aha« oder »Ich verstehe« signalisiert dem Kunden, dass Sie ihm zuhören.

4. *Gesten:* Mit geschlossenen Gesten, wie fest an den Körper gepresste, verschränkte Arme, tief in den Hosentaschen vergrabene Hände oder geballte Fäuste, errichten Sie nonverbale Barrieren. Mit offenen Gesten laden Sie andere in Ihre Umgebung ein und bedeuten, dass Sie sich in ihrer Nähe wohlfühlen. Viele unserer Gesten sind natürlich unbewusst (manche Leute verschränken zum Beispiel die Arme, weil ihnen kalt ist), aber denken Sie bei Ihren Kundenkontakten an die Wirkung dieser nonverbalen Signale.

5. *Körperhaltung:* »Steh aufrecht«, pflegte bestimmt auch Ihre Mutter immer zu sagen. Und sie hatte Recht damit. Eine gute Körperhaltung vermittelt Vertrauen und Kompetenz. Mit einer leicht in Richtung des Kunden geneigten Haltung signalisieren Sie, dass Sie sich für das, was er sagt, interessieren, und dass Sie ihn wichtig nehmen.

6. *Gesichtsausdruck:* Jeder kennt die Zeichen der Mimik: Eine gehobene Augenbraue signalisiert Überraschung, ein Zwinkern Zustimmung oder eine stillschweigende Übereinkunft, verkniffene Lippen Opposition, ein offenes Lächeln Freundlichkeit. Ihr Gesicht vermittelt eine Botschaft, selbst wenn Ihre Stimme dies nicht tut.

7. *Körperkontakt:* Was hier angemessen ist und was nicht, hängt in starkem Maße von der Situation und den Beteiligten ab. Im Geschäftskontakt ist ein Händedruck durchaus üblich. Aber eine Hand auf dem Arm oder der Schulter eines anderen kann bereits ein sehr persönlicher Akt

sein. Für die meisten beruflichen Situationen gilt die Faustregel: Weniger ist hier mehr.

8. *Geruch:* Der Geruchssinn ist vielleicht der am meisten verkannte unserer Sinne, aber er kann in Situationen, bei denen man Kunden sehr nahe kommt, eine wichtige Rolle spielen. Seien Sie auch vorsichtig mit starkem Parfüm und Duftwasser. Manche Kunden reagieren sehr sensibel oder sogar allergisch darauf – wie Sie es gegenüber natürlichen Gerüchen tun, zu deren Kaschierung man Erstere benutzt. Vergessen Sie außerdem nicht, dass mittlerweile weniger Erwachsene rauchen, sodass auch Zigarettengeruch als störend empfunden werden kann.

9. *Erscheinungsbild:* Es ist nicht anders als bei einer Theateraufführung: Sie müssen Ihrer Rolle entsprechend gekleidet sein. Ob Ihr Kostüm ein dreiteiliger Anzug oder ein Blaumann ist, hängt von Ihrer Tätigkeit ab, vom Bild, das Sie Ihren Kunden vermitteln möchten, aber vor allem davon, was Ihre Kunden von Ihnen erwarten. Welche Kleidung Sie auch tragen, eines trifft stets zu: Sauberkeit und adrettes Aussehen vermitteln Kompetenz. (Nachlässig gekleidete Menschen können natürlich ebenfalls kompetent sein, vielleicht sogar kompetenter als adrett gekleidete, aber sie müssen sich mehr anstrengen, dem Kunden ihre Kompetenz zu beweisen!)

**Tipp:** Manchmal sind die nonverbalen Botschaften, die wir aussenden, aufschlussreicher und beredsamer als das, was wir sagen. Wenn Sie durch Ihre nonverbalen Signale eine andere Nachricht vermitteln als mit Ihren Worten, irritieren und verunsichern Sie den Kunden. Als Folge wird er Ihre Motive und Ihr Interesse an ihm kritisch beurteilen und Ihre Handlungen misstrauisch beobachten. Ein beträchtlicher Teil Ihres Erfolgs als Serviceprofi hängt davon ab, wie Ihnen die nonverbale Kommunikation im persönlichen Kontakt mit dem Kunden gelingt.

## Nonverbale Signale von Kunden erkennen

Nonverbale Kommunikation bedeutet auch, dass Sie die nonverbalen Signale Ihrer Kunden deuten müssen. Fast alle Menschen können mit einem Blick erkennen, was klare und einfache körpersprachliche Signale bedeuten. Wir wissen, wie jemand aussieht, der gerade glücklich oder traurig, ruhig oder aufgeregt ist.

Was lässt manche so ruhig und entspannt im Umgang mit Menschen oder im Kontakt mit dem Kunden erscheinen, während andere nervös oder unbeholfen sind? Forscher meinen, dass der Unterschied darauf beruht, wie wir unsere Erkenntnisse über andere verwerten und in Handlungen umsetzen. Menschen mit diesem sozialen Geschick verstehen die menschliche Körpersprache besser. Deshalb können sie ruhig und richtig handeln. Andere beginnen mit einem wilden Redeschwall – weil sie die verwirrten Blicke ihrer Kunden gar nicht wahrnehmen, die besagen: »Stopp, erklären Sie mir das noch einmal.«

Ein Kunde wird nicht immer Protest einlegen, wenn er irritiert, verwirrt oder frustriert ist. Aber wenn Sie auf die versteckten Botschaften achten, dann begreifen Sie die nonverbalen Signale genauso wie die hörbaren. Nutzen Sie diese Fähigkeit effektiv. Dies wird Ihnen dabei helfen, die Wünsche und Erwartungen Ihrer Kunden zu erfüllen.

*»Die Wahrnehmung ist der Schlüssel zum nonverbalen Erfolg.«*

*Goldene Regel im Verkaufstraining*

# 17. Telefongespräche professionell führen

> »Indem ich den Telefonhörer abnehme,
> akzeptiere ich die Verantwortung, alles zu tun,
> um diesen Anrufer zufriedenzustellen.«
>
> *Michael Ramundo*

Am Telefon müssen Sie mehr als sonst auf Ihre Stimme achten. Der Kunde sieht Sie nicht, nimmt also weder Ihren Gesichtsausdruck noch Ihre Gesten wahr. Aber er wird sich trotzdem ein Bild von Ihnen machen – basierend auf dem Ton und der Qualität Ihrer Stimme. Denn durch Ihre Stimme vermitteln Sie auch Ihre Stimmung – freundlich und lächelnd oder verbissen und grimmig. Daher sollten Sie jedes Mal innehalten, bevor Sie den Telefonhörer abnehmen, und sich vergewissern, dass Sie mental darauf vorbereitet sind, sich mit dem Kunden am anderen Ende der Leitung zu beschäftigen. Eine angenehme Telefonstimme erfordert Übung. Denn das Sprechen mit wohlmodulierter, angenehmer Stimme ist erlernbar. Mithilfe der Telefonstil-Checkliste (siehe Übersicht unten) können Sie Ihren eigenen Telefonstil auswerten.

**Tipp:** Nehmen Sie sich während eines Telefonats auf Tonband auf und bitten Sie einen Freund oder Ihren Chef, Ihre stimmlichen Qualitäten auszuwerten. Oder noch besser: Lassen Sie sich am anderen Ende der Leitung aufnehmen, damit Sie hören, wie Sie für einen Kunden klingen.

**Achtung:** Wer noch nie eine Aufnahme von sich gehört hat, ist vom Klang der eigenen Stimme zunächst befremdet. Lassen Sie sich davon nicht verunsichern: Das geht uns allen so.

## Telefonstil-Checkliste

| Stimmliche Qualität | Ja | Nein |
|---|---|---|
| Gut vernehmbare, nicht zu laute Stimme | ☐ | ☐ |
| Deutliche Aussprache | ☐ | ☐ |
| Mittlere Sprechgeschwindigkeit, weder zu langsam noch zu schnell | ☐ | ☐ |
| Angenehme Stimme, weder rau noch näselnd | ☐ | ☐ |
| Stimmliche Dynamik spiegelt Interesse und Freude an der Arbeit | ☐ | ☐ |

| Verhalten am Telefon | | |
|---|---|---|
| Der Anruf wird schnell – beim zweiten oder dritten Klingeln – entgegengenommen | ☐ | ☐ |
| Der Anrufer wird höflich begrüßt | ☐ | ☐ |
| Der Angerufene stellt sich vor | ☐ | ☐ |
| Das Weiterverbinden erfolgt gekonnt | ☐ | ☐ |
| Nachrichten werden vollständig und genau aufgenommen | ☐ | ☐ |

# Telefon-Etikette: Ein kurzer Überblick

Jedes Telefongespräch im Berufsleben lässt sich anhand von vier Prozessen beurteilen: die Entgegennahme des Anrufs, die Warteposition, das Aufnehmen von Nachrichten und das Weiterverbinden. An der Handhabung dieser kundenrelevanten Prozesse erkennt man den Profi am Telefon. Wer diese Punkte beachtet, bei dem werden sich die Kunden gut aufgehoben fühlen.

## Ein Telefongespräch entgegennehmen

Das Klingeln eines Telefons ist eines der penetrantesten Geräusche, die es gibt. (Versuchen Sie doch einmal, Ihr Telefon einfach klingeln zu lassen. Die meisten Menschen können das nicht.) Wenn ein Kunde Sie anrufen möchte und niemand abhebt, oder die Leitung ständig belegt ist oder erst nach dem fünfzehnten Klingeln abgehoben wird, dann ist das für ihn, als ob Sie sagten: »Leider müssen Sie Ihr Geld behalten und wieder gehen. Wir haben hier viel zu tun und keine Zeit für Sie. Kaufen Sie bitte anderswo ein. Danke, dass Sie versucht haben, mit uns ins Geschäft zu kommen.« Legen Sie selbst ein Limit fest (zum Beispiel beim zweiten oder dritten Klingeln abheben) und halten Sie sich nach Möglichkeit daran.

Wenn Sie schließlich den Hörer abnehmen, so denken Sie daran, dass Ihr Kunde ab dieser Sekunde alles hört, was Sie oder Ihre Kollegen sagen. Was würden Sie denken, wenn Sie begrüßt würden mit: [ferne Stimme] »Dem werde ich was erzählen …« [nahe Stimme] »Oh, Hallo?«

**Die beste Formel:** »Guten Tag, hier ist Optimal AG, Sie sprechen mit Monica Maier, was kann ich für Sie tun?« Eine gute Entgegennahme eines Anrufs besteht aus drei Teilen: Zuerst kommt eine Begrüßung wie »Guten Tag« oder »Guten Morgen«. Da viele Telefonanlagen die ersten Wörter verschlucken, schützen Sie dadurch auch den zweiten Teil: den Firmennamen und Ihren. Zum Abschluss fragen Sie, wie Sie weiterhelfen können. Üben Sie, diese Begrüßungsformel langsam zu sprechen. Zu oft wird sie so schnell heruntergeleiert, dass der Kunde keine Ahnung hat, mit wem er verbunden ist. »GutenTagOptimalMeierWaskannichfürSietun« ist nicht ein Wort – es klingt nur so, wenn es von einem gelangweilten Kundendienstmitarbeiter abgespult wird.

## Informationen eingeben

Häufig erfordern es Kundenanfragen, dass Sie Daten im Computer aufrufen oder eingegeben. Im persönlichen Kontakt kann Ihnen der Kunde dabei zusehen, und fast automatisch wartet er geduldig, bis Sie damit fertig sind, und macht erst dann weiter, wenn Sie so weit sind und neue Daten eingeben können.

Am Telefon dagegen sieht der Kunde Ihre Finger nicht über die Tastatur oder das Mousepad huschen. Damit Sie genug Zeit haben, um das Kundenkonto aufzurufen, die gewünschten Informationen abzurufen oder neue Daten einzugeben, lenken Sie den Kunden behutsam, indem Sie beschreiben, was Sie gerade machen, mit Sätzen wie:

»In Ordnung, Frau Schmidt, lassen Sie mich nur rasch Ihr Kundenkonto aufrufen ... Gut, hier ist es auch schon. Also, Sie haben diesen Auftrag am 15. August platziert ...«

und

»Lassen Sie mich das erst in den Computer eingeben. Okay, Sie sagten Winterweg 5, 98763 Musterstadt ...«

Laut zu arbeiten – mitzuteilen, dass Sie das Kundenkonto aufrufen – heißt, der Kunde weiß, was Sie gerade machen, und es macht ihm klar, dass Sie ihn nicht in die Warteschleife gelotst haben, weil Sie gerade unheimliche Lust auf einen Kaffee verspürten.

**Achtung:** Beschweren Sie sich auf keinen Fall bei Ihrem Kunden darüber, wie langsam das Computersystem arbeitet. Damit deuten Sie nämlich an, dass Ihr Unternehmen nicht auf dem neuesten Stand ist, und wecken Zweifel an Ihrer Zuverlässigkeit.

## Einen Anrufer in Warteposition halten

Manchmal muss man einen Anrufer auf Warteposition stellen. Vielleicht muss man noch ein Gespräch auf einer anderen Leitung entgegennehmen oder den Arbeitsplatz verlassen, um eine Information einzuholen. Oder man muss die Reihenfolge der Anrufer umstellen, weil ein besonders dringender Anruf zu erledigen ist. Aus welchen Gründen auch immer dies nötig ist: Nie sollte man den Anrufer warten lassen, ohne sein Einverständnis einzuholen: »Können Sie bitte einen Moment dranbleiben?« oder »Wollen Sie einen Augenblick warten?« Dies bedeutet natürlich, dass Sie die Antwort abwarten. Zwar dauert es dann etwas länger, aber es lohnt sich, denn dadurch erwirken Sie einen positiven Eindruck beim Anrufer. Aber Sie riskieren, dass man Ihnen antwortet: »Nein, ich kann nicht warten.« Akzeptieren Sie dann die Antwort und erledigen Sie diesen Anruf zuerst. Oder lassen Sie sich die Nummer geben und rufen Sie so schnell wie möglich zurück.

**Die beste Formel:** Wenn Sie mehrere Anrufe gleichzeitig haben und weniger wichtige Anrufe halten müssen, fragen Sie besser »Können Sie einen Moment dranbleiben?« statt »Darf ich Sie auf Warteposition stellen?«. Ein Kunde antwortet eher mit »Ja«, wenn er »Können Sie dranbleiben?« gefragt wird, selbst wenn warten nicht unbedingt das ist, was er gerade tun möchte.

Ein Anrufer, der nicht warten möchte, ist nicht unbedingt dreist. Eine unserer Bekannten rief einmal ihren Arzt an. Da die Arzthelferin sie gut kannte, stellte sie unsere Bekannte mit einem kurzen »Oh, Nancy, du bist es, bleib einen Moment dran« auf Warteposition, um zuerst einen anderen Anruf zu erledigen. Das hätte beinahe tödliche Folgen gehabt, denn Nancy hatte sich nach einem Anfall mit letzter Kraft zum Telefon geschleppt.

Dies ist sicherlich ein Extrembeispiel. Aber es gibt Anrufer, die aus berechtigten Gründen nicht warten wollen oder können. Denken Sie daran, dass umwerfend guter Service sich dadurch auszeichnet, dass er auf die individuellen Bedürfnisse und Erwartungen des Kunden zugeschnitten ist.

## Eine Nachricht aufnehmen

Gute Telefonnotizen sind genau und vollständig. Vergewissern Sie sich, dass Sie den Namen des Anrufers richtig notiert haben, ebenso seine Firma und seine Telefonnummer. »Richten Sie bitte aus, dass Robert angerufen hat« funktioniert nur, wenn der Empfänger der Nachricht weiß, wer Robert ist. Um sicherzugehen, dass Sie Namen und Telefonnummer korrekt notiert haben, sollten Sie Ihre Notizen dem Anrufer noch einmal vorlesen. Datum und Uhrzeit des Anrufs sind ebenfalls wichtig. Schließlich sollten Sie den eigenen Namen auf der Telefonnotiz nicht vergessen. Falls Fragen auftauchen, weiß der Empfänger, an wen er sich wenden muss.

> **Die beste Formel:** »Können Sie mir bitte Ihre Telefonnummer geben, damit es nachher schneller geht?« Manche Kunden reagieren verärgert auf die Frage nach ihrer Telefonnummer: »Er hat meine Nummer. Er hat mich doch vorhin angerufen.« Mit dem Zusatz »damit es nachher schneller geht« kann man diese negative Antwort umgehen und eine vollständige Telefonnotiz aufnehmen.

## Anrufer weiterverbinden

Nichts hasst ein Kunde mehr, als von einem Mitarbeiter zum anderen gereicht zu werden. Wann immer es möglich ist: Vermeiden Sie diese Situation! Übernehmen Sie den Anruf selbst oder notieren Sie sein Anliegen und sorgen Sie dafür, dass die richtige Person zurückruft. Wenn man einen Anrufer wirklich weiterverbinden muss, sollte man ihm vorher den Namen und die Durchwahl desjenigen nennen, der ihm weiterhelfen kann. Auf diese Weise kann der Anrufer, falls dort besetzt ist, später selbst zur richtigen Stelle durchwählen. Und wenn Sie können, bleiben Sie noch einen Moment am Apparat, bis Sie sicher wissen, dass das Weiterverbinden erfolgreich war.

**Die beste Formel:** »Michael, hier ist ein Anruf von Herrn Schmidt für dich. Er möchte seinen Kontostand wissen.« Informieren Sie die Person, an die Sie den Anruf weiterleiten, wer am Apparat ist und warum Sie den Anruf weiterleiten. Ein Warnhinweis: Sprechen Sie stets respektvoll von dem Anrufer. Gehen Sie niemals davon aus, dass der Kunde Sie sicher nicht hören kann, während Sie ihn verbinden.

## Anrufbeantworter

Anrufbeantworter sind sowohl Segen als auch Fluch der modernen Geschäftswelt. Die meisten Menschen haben eine Hassliebe zu dieser Erfindung entwickelt. Bei Ihrer Nutzung von Anrufbeantwortern sollten Sie folgende Empfehlungen berücksichtigen:

- Ein Anrufbeantworter ist kein Ersatz für ein echtes Telefongespräch, sondern eine Ergänzung. Wenn Sie die Wahl haben, sollten Sie immer direkt mit dem Kunden sprechen, statt eine Nachricht oder gleich eine ganze Batterie von Nachrichten auf seinem Anrufbeantworter zu hinterlassen.
- Rufnummernübermittlung heißt nicht, auf einen Blick zu sehen, wer anruft, und dann zu entscheiden, ob man den Anruf annimmt oder nicht. Ihre internen Kunden sind ebenso wichtig wie externe Kunden.
- Ändern Sie die Ansage auf Ihrem Anrufbeantworter regelmäßig und versorgen Sie Ihre Anrufer mit aktuellen Informationen: Wann Sie erreichbar oder nicht erreichbar sind, wann Sie die Nachrichten abhören,

wann Sie zurückrufen oder wen der Kunde kontaktieren soll, wenn sein Anliegen dringend ist.

- Sagen Sie dem Anrufer, welche Informationen er hinterlassen soll. Manche Anrufbeantworter versehen die eingegangenen Nachrichten automatisch mit Datum und Uhrzeit. Falls Ihrer dies nicht kann, sollten Sie dem Anrufer eventuell sagen, welche Daten er nennen soll.

- Lassen Sie den Anrufer wissen, wie er Ihr Anrufsystem benutzen muss: »Bei dringenden Nachrichten drücken Sie die Eins.« Oder: »In Zukunft können Sie diese Ansage überspringen, indem Sie die Rautetaste drücken.«

- Überprüfen Sie Ihre Ansage in regelmäßigen Abständen auf ihren Klang und vergewissern Sie sich, dass die Anlage richtig funktioniert.

- Beantworten Sie eingegangene Nachrichten schnell. Viele Serviceprofis beherzigen die »Sonnenuntergang-Regel«: Sie beantworten die Anrufe immer am selben Tag.

- Wenn Sie jemandem eine Nachricht hinterlassen, achten Sie darauf, Ihren Namen und Ihre Telefonnummer zweimal zu sagen – einmal zu Beginn und einmal am Ende Ihrer Nachricht. Nennen Sie die Ziffern Ihrer Telefonnummer langsam; am besten tun Sie so, als ob Sie sie beim Sprechen notieren würden.

Die Vorteile des telefonischen Kundenkontakts voll auszuschöpfen heißt, dass man die Eigenschaften seiner Telefonanlage versteht, dass man sie ohne Schwierigkeiten bedienen kann und dass man seine Telefonkommunikation so sorgfältig wie seine persönlichen Kontakte gestaltet. Wenn Sie zum Beispiel ein neues VOIP-Telefonsystem (VOIP = Voice Over Internet Protocol) verwenden und die Technik samt ihren sämtlichen Funktionen noch nicht beherrschen, holen Sie sich Unterstützung, bevor Sie loslegen, damit Sie nicht gezwungen sind, mit echten Kunden zu »üben«.

## Telekonferenzen

Bei Telekonferenzen gibt es einige wichtige Regeln zu beachten – egal, ob Sie an einer teilnehmen oder zu einer einladen:

1. Sobald Datum und Uhrzeit für die Telekonferenz feststehen, informieren Sie jeden Teilnehmer über das Einwahlprotokoll und die Uhrzeit.

Gehen Sie auf Nummer sicher: Rufen Sie die Teilnehmer an und senden Sie zusätzlich eine E-Mail mit allen Eckdaten.

**Tipp:** Wird die Telefonkonferenz mehr als sieben Tage im Voraus geplant, senden Sie den Teilnehmern am Nachmittag vor der Telefonkonferenz eine Erinnerung per E-Mail – wenn die Konferenz am Vormittag stattfindet – oder am Morgen der Telefonkonferenz, wenn es sich um eine Konferenz am Mittag oder am Nachmittag handelt. Treffen in der Telefonkonferenz Teilnehmer aus unterschiedlichen Zeitzonen aufeinander, was häufig der Fall ist, nennen Sie die Zeitzone der Startzeit. Wenn zum Beispiel ein Mitarbeiter aus München zu der Telefonkonferenz einlädt und sich die anderen Teilnehmer außerhalb Deutschlands befinden, sollten die Teilnehmerinformationen die Zeitzone benennen: Die Telefonkonferenz beginnt um 10:00 Uhr CET/MEZ.

2. Eine gute Einführung ist die halbe Miete. Sie hilft, die verfügbare Zeit bestmöglich zu nutzen und Verwirrungen zu vermeiden. Wenn Sie der Initiator der Telefonkonferenz sind, sollten Sie sich als Erstes einwählen und eine gedruckte Liste der Teilnehmer parat haben. Während sich die anderen Teilnehmer einwählen, bitten Sie sie jeweils, sich vorzustellen: »Ich sehe gerade, dass jemand hinzugekommen ist. Das ist Sara Meier von ABC Geräte. Frau Meier, können Sie sich kurz vorstellen?« Kommen weitere Teilnehmer hinzu, lassen Sie sie wissen, wer bereits in der Leitung ist. Zum Beispiel: »Schön, dass Sie da sind. Joachim Gras und Maria Schrader sind nun auch dabei. Herr Gras ist Vizepräsident der Abteilung Farbe, und Frau Schrader leitet den Kundendienst. Herr Gras und Frau Schrader, dürfen wir Sie beide einmal kurz hören – erst Frau Schrader?«

**Tipp:** Stellen Sie sich eine Telefonkonferenz wie eine Besprechung in einem großen, fensterlosen Raum während eines Stromausfalls vor. Ihre Aufgabe besteht darin, jedem seinen Sitzplatz zu zeigen und die anderen Teilnehmer vorzustellen.

3. Sobald alle – virtuell – anwesend sind, sollten Sie sich kurz Zeit nehmen, um die Spielregeln zu erklären. Hier sind schon mal zwei, die Sie verwenden sollten:

- Wenn mehr als vier Personen an der Konferenz teilnehmen, sollten alle Teilnehmer ihren Namen nennen, wenn sie das Wort ergreifen: »Sara Meier. Ich stimme völlig mit Ihnen überein, Herr Gras. Und lassen Sie mich hinzufügen …«
- Gibt es eine Tagesordnung, sollte sie jeder Teilnehmer vor sich liegen haben.

4. Fassen Sie zusammen, welche Aufgaben vereinbart wurden und wer sie erledigen soll, und zwar bevor die Teilnehmer auflegen und die Konferenz beendet ist. Senden Sie im Anschluss daran auch noch eine E-Mail an alle Teilnehmer, in der Sie Absprachen und erzielte Ergebnisse wiederholen.

5. Hat ein Kunde an Ihrer Telekonferenz teilgenommen, dürfen Sie die Konferenz keinesfalls im Anschluss daran mit Ihren Kollegen in derselben Leitung besprechen. Legen Sie auf und rufen Sie Ihre Kollegen an, oder, sollten Sie im selben Gebäude arbeiten, treffen Sie sich zu einer persönlichen Besprechung. Lästern Sie niemals über eine gerade stattgefundene Telefonkonferenz. Sie können nie sicher sein, dass alle aufgelegt haben. Ersparen Sie sich die peinliche Situation, dass Sie etwas gesagt haben, was dem Kunden niemals hätte zu Ohren kommen dürfen!

*»Immer wenn Sie den Telefonhörer abnehmen, steht das Image Ihres Geschäfts auf dem Spiel.«*

*Überschrift in der Zeitschrift* Video Business Magazine

# 18. Die Welt ist klein:
## Kultursensibler Service

>»Das größte Hindernis auf dem Weg zu geschäftlichem
Erfolg hat die Kultur errichtet.«
>
> *Edward Hall,*
> *Experte für interkulturelle Kommunikation*

Es kann schon schwierig genug sein, Kundenwünsche zu erfüllen und ihren Ärger oder ihre Frustration abzubauen, wenn Sie und Ihre Kunden dieselbe Sprache sprechen, fachlich auf demselben Stand sind und die gleichen Geschäftsgewohnheiten pflegen. Diese Herausforderung wächst ins Unendliche, wenn Sie es mit einem Kunden zu tun haben, der Ihre Muttersprache noch nicht beherrscht, aus einer Kultur stammt, in der guter Service wahre Wunder vollbringen muss, oder sich durch bestimmte Floskeln, die Sie für ganz normal halten, angegriffen fühlt. Die Gefahr, dass dieser Kontakt dazu führt, dass sich Ihr Kunde mit Grauen abwendet und niemals wieder zurückkehrt, ist riesig.

Ob in New York, Frankfurt oder Manila, Sie haben es wahrscheinlich jeden Tag mit mehr Kunden aus den unterschiedlichsten Kulturkreisen und Ländern zu tun als jemals zuvor. Die Welt wird zum Dorf, und ein multikultureller Kundenstamm erfordert ein neues Verständnis für die einzigartigen Wertvorstellungen, Erwartungen und kulturellen Normen, die Menschen aus anderen Teilen der Welt mitbringen, vor allem, wenn es um Service geht.

In manchen Kulturkreisen ist offene und unverblümte Kommunikation verpönt, und wer dann noch seinem Gegenüber zu oft in die Augen sieht, verstößt gegen die gebotene Höflichkeit. Deutsche Kunden empfinden es zum Beispiel häufig als unangemessen, wenn amerikanische Servicemitarbeiter sie sofort beim Vornamen nennen, und legen keinen Wert auf oberflächliches Geplauder. Auch ein schwer verständlicher Akzent kann im Kontakt mit ausländischen Kunden zu einer Beschwerde führen. Fragen Sie Kunden aus Japan, ob Sie ihr Serviceproblem zu ihrer Zufriedenheit gelöst haben, muss ein »Ja« nicht unbedingt Übereinstimmung signalisieren, sondern kann eher den Wunsch beschreiben, eine Konfrontation zu vermeiden und die Harmonie des Augenblicks zu wahren.

In der interkulturellen Kommunikation kann ein Tritt ins Fettnäpfchen mehr auslösen als nur kurzfristigen Ärger bei einem Kunden – es kann Ihr Unternehmen eine hübsche Stange Geld kosten, weil Umsätze ausbleiben, Chancen für den überaus wichtigen Aufbau einer Kundenbeziehung verpasst werden und immer mehr Kunden woanders hingehen.

## Weltweit guter und freundlicher Service

Natürlich erwartet niemand von Ihnen, dass Sie alle kulturellen Eigenheiten, Fallen, was Körpersprache anbelangt, oder Vorlieben von Kunden aus jeder Kultur, mit der Sie Geschäfte machen, kennen. Auch sind Klischees in diesem Fall nicht wirklich hilfreich. Wenn Sie mit vielen Vorurteilen über eine andere Kultur belastet ein Gespräch beginnen, ist es schwierig, auf die individuellen Eigenheiten des Kunden einzugehen, und er fühlt sich unverstanden oder gar in seiner Ehre gekränkt.

Nichtsdestotrotz haben Wissenschaftler Verhaltensnormen, Werte und Überzeugungen zahlreicher Kulturen weltweit unter die Lupe genommen. Die Ergebnisse ihrer Forschung können für jeden Kundenkontakt hilfreich sein. Vor allem die unten stehenden Empfehlungen sollen Ihnen dabei helfen, die interkulturellen Fettnäpfchen auszulassen, die im heutigen globalen Markt durchaus vorhanden sein können. Außerdem erfahren Sie, wie Sie es Nichtmuttersprachlern einfacher machen können, mit Ihnen im Geschäft zu bleiben.

- *Respekt ist für niemanden ein Fremdwort.* Kunden aus anderen Kulturkreisen werden Ihnen in aller Regel verzeihen, wenn Sie nicht alle technischen Daten eines Produkts oder die Einzelheiten des letzten Werbesonderangebots im Kopf haben, aber ganz sicher ist Schluss mit lustig, wenn Sie keine Geduld für ihre mangelnden Sprachkenntnisse, ihren starken Akzente oder schwierig auszusprechende Namen aufbringen. Üben Sie sich in Geduld, respektieren Sie sprachliche und sonstige Unterschiede und hören Sie aufmerksam zu. So bauen Sie selbst über die größten kulturellen Gräben eine Brücke.

  »In jeder Kultur gilt als Voraussetzung für guten Service der Respekt für den einzelnen Kunden«, sagt Cynthia Messer, Associate Professor und Koordinatorin des Fortbildungsprogramms des Tourismuszentrums der Universität von Minnesota, das Organisationen dabei hilft, Kunden aus unterschiedlichen Kulturkreisen besser zu bedienen.

- *Drücken Sie sich einfach und klar aus.* Wenn Sie mit Kunden arbeiten, die Ihre Muttersprache erst noch lernen, zahlt es sich aus, langsam zu sprechen, so wenig Synonyme oder Akronyme zu nutzen wie möglich und die Übergänge zwischen einzelnen Gedanken klar hervorzuheben. In diesem Fall ist eine sehr einfache Sprache die beste. Kunden, deren Muttersprache nicht Deutsch ist, könnten zum Beispiel verwirrt sein, wenn Sie zunächst über »Vorzüge« sprechen und später über »Vorteile«.

  Sprechen Sie langsamer – aber nicht so langsam, dass es beleidigend wirkt – und legen Sie häufiger Pausen ein, um die Verständlichkeit Ihrer Worte erhöhen. Widerstehen Sie der Versuchung, lauter als normal zu sprechen. Das mag vielleicht bei Ihrem schwerhörigen Onkel Albert funktionieren, wird aber multikulturelle Kunden eher verstimmen oder beleidigen.

Wir sind hier im Kunden-service: Wir sagen nicht »Hallo Fremder«.

Roger Axtell empfiehlt die Technik des »Echos«, damit Nichtmuttersprachler verstehen, was Sie ausdrücken wollen. Sie könnten zum Beispiel sagen: »Manchmal rede ich zu schnell. Vielleicht wiederholen Sie einmal in Ihren Worten, was wir bis jetzt besprochen haben.«

- *Vermeiden Sie idiomatische Wendungen.* In jeder Sprache gibt es Redewendungen, umgangssprachliche Ausdrücke, Metaphern aus der Welt des Sports und dergleichen sowie Modewörter, die für Nichtmuttersprachler ein großes Problem darstellen. Wendungen wie »ins Blaue hinein«, »eine Steilvorlage nutzen« oder ein plötzlich eingestreutes »Commitment« lassen demjenigen, der sie nicht kennt, keine Chance zu wissen, von welchem Planeten Sie stammen.

  Obwohl Sie nicht all diese Redewendungen und Wörter vermeiden können, können Sie sich jedoch ihres Gebrauchs bewusst sein und sicherstellen, dass man Sie auch versteht. Und wenn Sie in Ihrer Firma viel mit amerikanischen oder englischen Kunden zu tun haben, ist es hilfreich, wenn Sie sich mit den häufigsten dort gebräuchlichen Redewendungen vertraut machen. Zwei gute Quellen hierfür sind zum einen www.rootsweb.com/~genepool/amerispeak.htm und zum anderen www.peevish.co.uk/slang.

# Den interkulturellen IQ steigern

Zu verstehen, worauf sich Überzeugungen, Verhaltensweisen und Vorurteile anderer Kulturen gründen, kann Ihnen helfen, Überraschungen und Missverständnisse beim interkulturellen Kontakt zu vermeiden. Jetzt möchten wir Ihnen einige kulturelle Praktiken und Überzeugungen aus aller Welt vorstellen:

- *Vermeidung von Unsicherheiten:* Kunden aus Ländern wie Deutschland, Japan, China, bestimmten lateinamerikanischen Nationen und Griechenland können in der Regel mit Doppeldeutigkeit schlecht umgehen. Der niederländische Professor und Kulturwissenschaftler Geert Hofstede nennt dieses Phänomen »Vermeidung von Unsicherheit« und definiert es als »das Maß, in dem sich Angehörige einer bestimmten Kultur durch unsichere oder unbekannte Situationen bedroht fühlen«.
  Kunden aus diesen Kulturen sind meist bemüht, Unsicherheiten zu vermeiden, und erwarten, dass Sie ihnen die nackte Wahrheit erzählen. In Servicesituationen sollte Ihnen bewusst sein, dass diese Kunden ausführliche Anweisungen groben Richtlinien eher vorziehen, insbesondere wenn es um Lösungen für ihre Probleme geht. Im Zweifelsfall sollten Sie sich jedoch nicht auf Vermutungen verlassen – fragen Sie den Kunden doch einfach, was er sich wünscht.

- *»High-Kontext-Kulturen« und »Low-Kontext-Kulturen«:* High-Kontext-Kulturen sind Kulturen, die ein hohes Maß an Sozialisation, also das Wissen um ungeschriebene Regeln, voraussetzen. Botschaften werden also häufig mittels nonverbaler oder indirekter Kommunikation übermittelt. Mexiko und Japan sind Beispiele für solche Kulturen. Hier wird dem Gesichtsausdruck oder der Körpersprache häufig mehr Wert beigemessen als den Worten selbst. In Low-Kontext-Kulturen wie in Deutschland, den USA und Australien schenkt man im Allgemeinen dem gesprochenen Wort das größte Vertrauen.

- *Individualisierung kommt nicht überall gut an.* Als Angehörige einer stark individualistischen Kultur fühlen sich Ihre Kunden gerne als etwas Besonderes, weshalb Servicemitarbeiter Interaktionen häufig personalisieren, indem sie den Kunden beim Vornamen ansprechen, sich die bisherigen Konsumvorlieben merken oder Sonderwünsche abklären.

Doch diese Sehnsucht, etwas ganz Besonderes zu sein, gilt nicht für alle, insbesondere nicht für »kollektivistische« oder gruppenorientierte Kulturen. In einer Studie untersuchte die Wissenschaftlerin Kathryn Winsted die Serviceerwartungen von japanischen und amerikanischen Kunden im medizinischen Kontext und in Restaurants. Zu den größten Unterschieden gehörte die Rolle, die ein personalisierter Service für die Zufriedenheit des Kunden spielt. Eine Teilnehmerin einer japanischen Fokusgruppe war zum Beispiel verblüfft, dass sie während einer Fahrt mit dem Rettungswagen zum Krankenhaus von den Sanitätern immer wieder mit ihrem Namen angesprochen wurde. Alle Teilnehmer der Fokusgruppe waren sich einig, dass so etwas in Japan nie passieren würde; in diesen gruppenorientierten Kulturen gilt ein derart personalisierter Service zugunsten einer einzelnen Person als Affront allen anderen gegenüber.

- *Zeit ist nicht überall auf der Welt Geld.* Während Kunden aus Deutschland, den Vereinigten Staaten oder England während eines Servicekontakts häufig wenig Bereitschaft für Smalltalk aufbringen, reagieren Menschen in Italien, Frankreich oder dem Nahen Osten eher gekränkt, wenn vor dem Geschäftlichen kein erstes Beschnuppern steht, bevor es dann zur Sache geht.

  Achten Sie penibel auf die Signale des Kunden und geben Sie dem Gesprächsverlauf je nach den über alle Sinne empfangenen Hinweisen eine andere Wendung. Trauen Sie dabei auch Ihrem Bauchgespür. Setzen Sie das Gespräch über das Wetter fort, bis der Kunde von sich aus zum geschäftlichen Teil übergeht. Sollte er für Ihren Geschmack zu lange brauchen, um zum Punkt zu kommen, sagen Sie einfach: »Es war nett, mit Ihnen zu plaudern. Womit darf ich Ihnen heute behilflich sein?«

---

*»Kultur ist häufiger eine Quelle für Konflikte als für Synergien. Kulturelle Unterschiede sind bestenfalls ein kleiner Störfaktor, häufig jedoch der Grund für ein Desaster.«*

*Dr. Geert Hofstede*

# 19. Der Generationenkonflikt: Kunden unterschiedlichen Alters

»Mir ist völlig egal, wie freundlich oder ausnehmend höflich ich behandelt werde. Hauptsache, sie lösen mein Problem auf Anhieb und hören auf, mir Honig ums Maul zu schmieren.«

*Kunde im Alter von etwa 30 Jahren, der am Nebentisch in der Mittagspause über ein Computerproblem spricht*

Zur Feier ihres Hochzeitstags beschloss ein Paar, beide um die 60 Jahre alt, in ein neues Restaurant in ihrer kleinen Stadt zum Abendessen zu gehen. Nachdem sie zu ihrem Platz geführt worden waren, begrüßte sie die Bedienung warmherzig und gratulierte ihnen zu ihrem Hochzeitstag. Alles sah danach aus, dass es ein schöner Abend werden würde.

Aber nachdem sie jedem von ihnen die Speisekarte überreicht hatte, zog sie einen Stuhl heran, setzte sich zu ihnen an den Tisch und erklärte den beiden das Menü und die Tageskarte. Manche Kunden hätten sich von dieser Geste geschmeichelt gefühlt, aber das ältere Paar rutschte unangenehm berührt auf den Stühlen hin und her. Für sie war der informelle, kumpelhafte Ansatz respektlos. Schließlich hatten sie sie nicht gebeten, sich zu ihnen zu setzen. Damit wurde, wie wohlmeinend auch immer, die unausgesprochene Grenze zwischen Servicepersonal und Gästen übertreten.

Die Fähigkeit, sich in Kunden hineinzuversetzen, ist essenziell für umwerfenden Service, und das gilt umso mehr, wenn es um Kunden aus unterschiedlichen Altersgruppen geht. Ob Kriegsgeneration, Babyboomer, Generation X, Millennials oder die nächste Generation, der schon bald ein griffiges Etikett verpasst werden wird – jede Altersgruppe versteht unter

Also, Susi und Tom, was wollen meine neuen besten Freunde denn heute Abend essen?

gutem Service etwas anderes. Ein Paar zwischen 20 und 30 Jahren hätte sich vielleicht gefreut oder sich sogar über die Unbekümmertheit der Bedienung amüsiert und ihren Versuch, dem Aufenthalt in dem Restaurant eine persönliche Note zu verleihen, zu schätzen gewusst. Aber die ältere Generation hatte kein Verständnis für diesen »Grenzübertritt«.

## Der Schmelztiegel der Generationen

Der erste Schritt, um Kunden unterschiedlichen Alters individuell auf sie zugeschnittenen Service bieten zu können, besteht darin, sich die unterschiedlichen Eigenschaften, Einstellungen und einschneidenden Ereignisse klarzumachen, die sie geprägt haben. Damit Sie es dabei einfacher haben, haben wir Profile für vier unterschiedliche Alterssegmente erstellt und jeder Gruppe ein paar Erwartungen an den Service zugewiesen. Diese Vorlieben und Abneigungen sind als grobe Richtlinien gedacht, nicht als in Stein gemeißelte Regeln. Wie immer im Leben gilt auch hier, dass Ausnahmen die Regel bestätigen. Bleiben Sie flexibel und passen Sie Ihr Verhalten an die jeweilige Situation oder Altersgruppe an. Die von uns erstellten Profile sind das Ergebnis von über einem Jahrzehnt Forschung, und als Sahnehäubchen obendrauf gibt es die Erkenntnisse Claire Raines, mit der wir bei dem Buch *Generations at Work* zusammenarbeiteten.

**Veteranen** wurden in der Regel zwischen 1922 und 1943 oder kurz vor Ausbruch des Zweiten Weltkriegs geboren, sind demnach heute zwischen 69 und 90 Jahren alt.

Typisch für sie ist:

- der Wunsch nach Konsistenz, Konformität und Stabilität,
- direkter Kommunikationsstil,
- die Vorliebe für logische und pragmatische Gespräche oder Ansätze anstelle von emotionalen,
- dass sie in der Regel loyale Kunden sind, insbesondere wenn es um inländische Produkte oder Dienstleistungen geht.

### Tipps für den Umgang mit Veteranen

- Nichts überstürzen. Veteranen mögen es nicht, zu Entscheidungen gedrängt zu werden oder das Gefühl zu haben, dass alles viel zu schnell ging. Wann immer möglich, sollten Sie Veteranen ausreichend Zeit einräumen, verschiedene Optionen in Ruhe zu überdenken, sodass sie anschließend auch mit dem Ergebnis zufrieden sind.
- Bilden Sie Vertrauen durch Respekt – auf altmodische Art und Weise. Das bedeutet, häufiger »Bitte« und »Danke« zu sagen und andere Höflichkeitsfloskeln zu verwenden, als Sie es bei Vertretern anderer Generationen tun würden.
- Achten Sie auf einen formalen Umgang. Veteranen verunsichert es häufig, wenn in Servicesituationen zu kumpelhaft agiert wird. Halten Sie respektvolle Distanz, bis Sie zu mehr Nähe aufgefordert werden.

Als **Babyboomer** gelten alle, die zwischen 1943 und 1960 geboren wurden. Das macht sie zu einer der größten Generationen. Deshalb zählen sie zur großen Gruppe von Kunden mittleren Alters, das heißt zwischen 52 und 69 Jahren.

Typisch für Babyboomer ist:

- eine optimistische Grundeinstellung, sie betrachten die Welt als Reich der unbegrenzten Möglichkeiten,
- ein starker Sinn für Individualität, sie sind es häufig gewohnt, im Mittelpunkt zu stehen,

- dass sie eine persönliche und individuelle Behandlung zu schätzen wissen,
- dass sie gern im Team arbeiten, um ihre Ziele zu erreichen.

### Tipps für den Umgang mit Babyboomern

- Verleihen Sie vor allem der Begrüßung eine persönliche Note. Auch wenn Ihre Babyboomer-Kunden vielleicht gerade keine Zeit für einen ausgedehnten Einkaufsbummel haben, schätzen sie es doch, herzlich begrüßt zu werden.
- Kennen Sie den Namen des Kunden und verwenden Sie ihn auch. Viele Babyboomer mögen das und genießen eine persönliche Behandlung. Aber übertreiben Sie es nicht, wenn Sie den Namen zu häufig verwenden, wirkt es anbiedernd oder künstlich.
- Stammkunden sollten Sie von Zeit zu Zeit als Zeichen dafür, dass Sie deren Loyalität anerkennen, eine kleine Aufmerksamkeit zukommen lassen. Wenn Babyboomer auf der Suche nach neuen Geschäften und Einkaufsmöglichkeiten sind, entscheiden sie sich oft für Unternehmen, deren Mitarbeiter nicht nur kompetent oder effizient sind, sondern denen ihre Kunden am Herzen zu liegen scheinen und für die Kundenservice eine Berufung ist. Kleine Gesten, die zeigen, dass Sie Ihre Kunden wertschätzen, können da sehr hilfreich sein.

Hast du je das Gefühl gehabt, als ob du eigentlich zur Generation X gehören würdest, aber im Körper eines Babyboomers gefangen bist?

cBUSH

Die Vertreter der **Generation X** – das sind diejenigen, über die so viel Schlechtes gesagt und geschrieben wurde (oft zu Unrecht) – wurden zwischen 1960 und 1980 geboren und sind heute also zwischen 30 und 52 Jahre alt.

Typisch für die Generation X ist:

- sie sind technikbegeistert, clever und einfallsreich,
- sie sind aber auch skeptisch, möchten gerne mit Fakten überzeugt werden,
- sie sind selbstständig und unabhängig – viele sind Überlebenskünstler und kommen besser mit Veränderungen zurecht als andere Generationen,
- sie haben ein großes Bedürfnis nach Flexibilität und Rückmeldung, gekoppelt mit einer Abneigung gegen starke Kontrolle.

### Tipps für den Umgang mit der Generation X

- Kommen Sie schnell zur Sache und handeln Sie effizient. Kompetenz ist den meisten Vertretern der Generation X wichtiger als ein optimistischer, fröhlicher Auftritt. Wenn sie die Wahl haben zwischen einem fröhlichen »Es tut uns so leid, aber leider können wir das Produkt nicht zurücknehmen« und der von einem gequälten Stöhnen des Mitarbeiters begleiteten Rückerstattung des Kaufpreises, entscheiden sie sich allemal für Letzeres.
- Bereiten Sie sich auf komplexe Fragen vor. Die Generation X ist neugierig und will jedes noch so winzige Detail erfahren. Sorgen Sie dafür, dass Sie Ihre Produkte kennen und auf entsprechende Fragen hin mit den korrekten Fakten oder Zahlen über Ihre Produkte und Dienstleistungen aufwarten können.
- Übertreiben Sie es nicht, um Ihre Produkte oder Lösungen an den Mann zu bringen. Die Generation X hat feine Sensoren und reagiert sehr empfindlich auf alles, was nach Verkaufsmasche oder Marketinggerede klingt. Schildern Sie, wenn möglich konkret, wie Ihre Produkte oder Dienstleistungen anderen Kunden dabei geholfen haben, Probleme zu lösen, oder zitieren Sie unabhängige Studien, in denen Ihr Unternehmen im Vergleich mit der Konkurrenz besser abschneidet.

Die **Millennials** wurden zwischen 1980 und 2000 geboren, das heißt, diese Gruppe umfasst die heutigen Jugendlichen bis hin zu Erwachsenen Anfang 30. Diese Gruppe wird auch als Echo Boomer, Generation Y oder Nexters bezeichnet.

Typisch für Millennials ist:

- Sie sind gesellig und optimistisch, aber auch praktisch und tolerant gegenüber individuellen Unterschieden. Im Allgemeinen nicht so sarkastisch wie die Generation X und autoritätsgläubiger.
- Sie sind leistungs- und zielorientiert. Sie sind davon überzeugt, dass sich harte Arbeit lohnt, und stellen das Allgemeinwohl über das eigene Wohlbefinden.
- Dank ihrer spendierfreudigen Babyboomer-Eltern gehören die Millennials zur bestausgebildeten und gesündesten Generation dieses Planeten. Viele stehen seit ihrer Geburt im Mittelpunkt des Geschehens.
- Sie sind die erste Generation, die mit digitalen Medien aufgewachsen ist.

Tipps für den Umgang mit den Millennials

- Zeigen Sie Respekt. Niemand mag es, es von oben herab behandelt zu werden, nur weil er jung ist. Vermeiden Sie unter allen Umständen einen herablassenden Tonfall und preisen Sie gesunden Menschenverstand nicht als »Insiderwissen« an. Millennials möchten auf Augenhöhe behandelt werden.
- Handeln Sie schnell. Millennials sind es gewohnt, ihre Wünsche bereits gestern erfüllt zu bekommen, und empfinden allzu bedächtige Menschen oder langsame Prozesse in der Regel als anstrengend.
- Verwechseln Sie sie keinesfalls mit der Generation X. Auch wenn die meisten Generationen ungern für eine andere gehalten werden wollen, empfinden es die Millennials als besonders ärgerlich, wenn sie mit der Generation X in einen Topf geworfen werden, die nach ihrem Geschmack zu unangepasst oder zynisch ist.

# Arbeitsblatt »Der richtige Service für die richtige Generation«

Wenn Sie diese Fragen beantwortet haben, können Sie den unterschiedlichen Generationen in Ihrem Unternehmen einen effektiveren Service bieten:

- Zu welcher Generation (oder Generationen) gehört die Mehrheit Ihrer Kunden?
- Wie möchten die meisten von ihnen Ihrer Meinung nach behandelt werden?
- Nennen Sie drei konkrete Aspekte, die Sie für Ihre größte Altersgruppe ändern möchten, um Ihren Service zu verbessern.
- Gibt es eine andere Generation, für die Sie den Service verbessern möchten? Was können Sie tun, damit er besser auf die Bedürfnisse dieser Gruppe zugeschnitten ist?

*»Trends, die durch unterschiedliche Generationen ausgelöst werden, wirbeln Branchenstrukturen durcheinander, führen mit Lichtgeschwindigkeit neue Arbeitskategorien ein und lassen alte erst schrumpfen und dann für immer verschwinden.«*

*Yankelovich Partners*

TEIL III

# UMWERFENDEN SERVICE
# KOMMUNIZIEREN

Serviceorientierte Unternehmen wissen, dass jeder Kundenkontakt – ob banale Transaktion oder absolute Notlage – einen Moment der Wahrheit darstellt, der überlegtes Handeln und Sorgfalt erfordert. Doch in der stark vernetzten Umgebung von heute genügt ein falscher Schritt, und der Kunde, der sich gleichgültig oder abfällig behandelt fühlt, erzählt seine Geschichte sofort im Internet oder stellt sie auf YouTube, wo sie ein Millionenpublikum findet. Umwerfender Service bedeutet, dafür zu sorgen, dass, unabhängig davon, mit wem Kunden in Ihrem Unternehmen Kontakt haben und wie viele Beteiligte eine Rolle spielen, sie sich geschätzt fühlen und sich alle Mitarbeiter ein Bein für sie ausreißen würden, ganz nach dem Motto »Der Kunde ist König«.

Ein solcher Service, bei dem quasi alle an einem Strick ziehen, erfordert, sich Folgendes bewusst zu machen: Wie fügt sich die eigene Rolle in das große Bild der Kundenerfahrung, und wie wirkt sich ein Fehler, der an Ihrem Glied dieser »Servicekette« geschieht, auf die Kundenloyalität aus? Rundum-Service klappt nur mit konstanter und regelmäßiger Kommunikation. Rundum-Service bedeutet, dass Sie Ihre internen Partner – die Kollegen, die auf Ihre Zuarbeiten angewiesen sind, damit sie ihre Aufgaben pünktlich und kompetent erledigen können – mit der gleichen Sorgfalt behandeln wie Ihre externen Kunden.

Bei einer umfassenden Kommunikation und einem Rundum-Service sollte sich jeder Mitarbeiter, der im Kundenkontakt steht, um jedes Problem oder jeden Wunsch eines Kunden kümmern.

# 20. Mitarbeiter als Partner: Funktionsübergreifend kommunizieren

»Wem arbeite ich eigentlich zu?
Für wen ist meine Arbeit wichtig?«

*Dun & Bradstreet*

Wir alle kennen diese Situation zur Genüge: Ein Kunde ruft die kostenlose Servicenummer Ihres Unternehmens an, ist unsicher, welche Option die richtige ist, drückt eine Nummer und landet bei Ihnen – obwohl er eigentlich Herrn Schmidt aus der Rechnungsabteilung sprechen müsste. Vielleicht arbeiten Sie in einem riesigen Baumarkt, und ein ungeduldiger Kunde fragt Sie nach Glühlampen, die sich gefühlt in einer anderen Zeitzone, nämlich auf der anderen Seite des Ladens, befinden, obwohl Sie noch einen anderen Kunden bedienen. Oder Sie schwitzen gerade Blut und Wasser, um eine Projektfrist einzuhalten, als plötzlich ein Kollege aus dem Vertrieb in Ihr Büro stürmt und Sie um die Verkaufszahlen des ersten Quartals bittet, die er für eine Kundenpräsentation am nächsten Tag braucht.

Ganz gleich, ob ein Kollege oder Kunde Sie aus Ihren aktuellen Aufgaben herausreißt, hüten Sie sich davor, das mit einem »Jetzt nicht« oder »Dafür bin ich nicht zuständig« abzutun. Oberstes Gebot der Stunde: Immer wenn die Kundenzufriedenheit auf dem Spiel steht – wann immer also die Gelegenheit besteht, jemandem umwerfenden Service zu bieten –, ist alles zu tun, damit externe Kunden oder Kollegen zufriedengestellt werden.

Ganz gleich, ob Ihre Kollegen in einem Büro auf demselben Stockwerk oder in einem anderen Bundesland oder gar Land sitzen, wenn deren Arbeit von Ihren Zuarbeiten abhängt, sind die Anforderungen von Kollegen ebenso wichtig wie die Ihrer externen Kunden. Immer wenn Sie Ihren Kollegen helfen, tragen Sie zum Erfolg Ihres Unternehmens bei.

Natürlich bedeutet das nicht, sofort alles liegen und stehen zu lassen, wenn Kollegen mit unsinnigen Anfragen zu Ihnen eilen. Sie müssen in der Lage sein, wichtige von weniger wichtigen Anfragen und Aufgaben zu unterscheiden, Prioritäten zuzuweisen und sich auf das Wesentliche zu konzentrieren. Wir raten Ihnen strikt davon ab, die Arbeit Ihrer Kollegen zu erledigen oder ihnen gegenüber eine unterwürfige Rolle einzunehmen.

Der Begriff interner Kunde wird häufig verwendet, um die Beziehungen zu Kollegen zu beschreiben, aber unserer Ansicht nach ist es passender, in diesem Fall von Partnern zu sprechen. Chip Bell, Gründer der Chip Bell Group in Dallas, Texas, meint, der Begriff »Kunde« impliziere Dienstbeflissenheit gegenüber anderen, während Partnerschaft ein Verhältnis unter Gleichen beschreibe. Wenn Sie der Kunde von jemandem sind, heißt das – ganz gleich, ob das im konkreten Fall auch stimmt oder nicht –, dass eine der beiden Parteien über der anderen steht.

»Kunden zu bedienen heißt, dass ihre Bedürfnisse unseren gegenüber Vorrang haben«, sagt Bell. »Auch wenn eine Serviceorientierung in all unseren Beziehungen eine Rolle spielt, kann es doch helfen, Machtkämpfe zu vermeiden, wenn sich Kollegen untereinander als gleichberechtigte Partner und nicht als Kunden wahrnehmen.«

## Die Organisationsstruktur kennen

Damit Sie Kunden bei Anfragen oder Problemen, die nichts mit Ihren eigenen Aufgaben oder Ihrem Kompetenzbereich zu tun haben, weiterhelfen und die verlorenen Seelen, die aus Versehen bei Ihnen landen, zurück auf den rechten Weg schicken können, müssen Sie Ihre Organisationsstruktur kennen. Nichts ist schlimmer für Kunden, als mit einem frustrierenden Problem eine Servicehotline anzurufen, in der Warteschleife zu landen und, wenn sie endlich mit einem Menschen aus Fleisch und Blut verbunden sind, zu erfahren, dass der Gesprächspartner ihnen nicht helfen kann – und keine Ahnung hat, welcher seiner Kollegen es könnte.

Sie sollten wissen, zu welchen Mitarbeitern Sie Kunden mit den unterschiedlichsten Problemen schicken können. Nehmen Sie sich die Zeit und machen Sie sich mit den Zuständigkeiten und Fähigkeiten der Kollegen in den Abteilungen vertraut, mit denen Sie eines Tages zu tun haben könnten – oder in die Sie verwirrt umherirrende Kunden schicken könnten.

Denken Sie immer daran, dass umwerfender Service meistens Teamwork ist.

Ein Rundum-Service hängt auch davon ab, wie gut Sie Ihren eigenen »Servicezyklus« kennen. In anderen Worten: Wissen Sie, wer in Ihrem Unternehmen auf Ihre Zuarbeiten angewiesen ist, um seine Arbeit pünktlich und kompetent erledigen zu können? Wissen Sie, was mit Ihrer Arbeit passiert, sobald sie Ihren Computer, Ihr Büro oder Ihre Abteilung verlässt? Bei Dun & Bradstreet, dem großen Datenmanagement- und Forschungsunternehmen, muss jeder Mitarbeiter jederzeit zwei Fragen beantworten können, um seine wichtigsten internen Partner benennen zu können – egal, wo er sich auf der Unternehmensleiter befindet: Wem arbeite ich eigentlich zu? Für wen ist meine Arbeit wichtig?

Wenn Sie zum Beispiel in einem Callcenter Kundenaufträge entgegennehmen, wissen Sie, was anschließend mit diesen Bestellungen passiert? Was geschieht, wenn wesentliche Informationen fehlen oder falsch eingegeben wurden? Aller Wahrscheinlichkeit nach sind es Ihre internen Partner im Lager, Rechnungswesen oder Versand, die es mit wütenden Kunden zu tun bekommen, wenn Bestellungen nicht pünktlich ankommen, Namen falsch geschrieben wurden oder Päckchen an der falschen Adresse gelandet sind.

Die Kundenzufriedenheit hängt oft davon ab, ob es Mitarbeitern aus unterschiedlichen Abteilungen gelingt, ihre Differenzen zu ignorieren und Hand in Hand zu arbeiten, um aufgestellte Ziele in Sachen Qualität oder Service zu erreichen. Im Flugverkehr sind es die Wartungstechniker, die es dem Bodenpersonal und den Piloten ermöglichen, Flugzeuge pünktlich zu starten, während die Mitarbeiter aus dem Catering dafür sorgen, dass die Flugbegleiter den Passagieren ausreichend Getränke und Mahlzeiten anbieten können. Wenn es in diesen Servicelieferketten eine Lücke gibt – jemand einen Termin verpasst oder schlampige Arbeit einfach weiterreicht –, bezahlt letztendlich der externe Kunde den Preis dafür.

**Tipp:** Wenn Sie wissen, wer in den Genuss Ihrer Vorarbeit kommt, haken Sie nach, was Sie deren Meinung nach gut machen und was nicht. Nutzen Sie dieses Feedback, um die Qualität Ihrer Arbeit zu verbessern.

# Ziel: Rundum-Service

Es wird immer wieder mal vorkommen, dass Sie die Kavallerie rufen müssen, um schwierige Kundenprobleme oder -anfragen zu lösen, oder dass Sie Anrufer zu Experten in Ihrem Unternehmen weiterleiten oder Ihren Kunden zurückrufen müssen, nachdem Sie sich schlau gemacht haben. Doch Ihr Hauptziel sollte sein, Kundenprobleme sofort zu lösen. Nichts ist befriedigender für einen Kunden, als wenn in einem einzigen unkomplizierten Kontakt mit Ihrem Unternehmen all seine Fragen beantwortet oder all seine Probleme gelöst werden.

Das Forschungsinstitut TARP mit Sitz in Arlington, Virginia, das sich auf Umfragen zum Kundenservice spezialisiert hat, hat herausgefunden, dass bei der Entscheidung eines Kunden, weiterhin mit einem Unternehmen Geschäfte zu machen, mit am wichtigsten ist, ob er »beim ersten Kontakt eine zufriedenstellende Antwort auf Fragen oder Probleme erhält«. Kunden mögen es gar nicht, wenn sie ein zweites oder drittes Mal anrufen müssen, um ihre Probleme zu lösen, und sie sind auch nicht begeistert, wenn sie auf der Suche nach Antworten an verschiedene Ansprechpartner innerhalb eines Unternehmens weitergereicht werden.

Geben Sie sich die allergrößte Mühe, Kunden auf Anhieb zufriedenzustellen. Eifern Sie den Servicemitarbeitern von QVC, dem weltgrößten TV-Shopping-Service, nach. Für sie ist das Weitervermitteln von Anrufen nur die allerletzte Möglichkeit. Das Mantra bei QVC heißt »Ein Anruf, eine Lösung«, und Servicemitarbeiter werden entsprechend geschult und unterstützt. »Das Letzte, was wir wollen, sind Kunden, die wegen ein und derselben Sache ein zweites Mal bei uns im Callcenter anrufen müssen«, sagt John Hunter, ein QVC-Kundenserviceleiter. »Unser Ziel ist eine 100-prozentige Lösung beim ersten Anruf.«

## »Das gehört nicht zu meinen Aufgaben« ist keine Option

Zu einer umfassenden Servicekultur gehört auch, die Initiative zu ergreifen, um Kunden weiterzuhelfen, selbst wenn die Angelegenheit nichts mit Ihren eigentlichen Aufgaben zu tun hat. Wir kennen zum Beispiel eine Mitarbeiterin im Kundenservice von Delta Airlines, die Dienst am Flughafen von Cincinnati hatte, als sie sah, dass es einer Frau schlecht ging. Diese

Frau, die zwei Kinder an der Hand hielt und schlecht Englisch sprach, musste sofort ins Krankenhaus gebracht werden. Andere Mitarbeiter hätten ihr vielleicht einfach den Weg zum nächsten Taxistand gezeigt oder so getan, als ob sie sie nicht verstehen würden. Ganz anders unsere Delta-Mitarbeiterin: Sie begleitete die Frau samt ihren Kindern ins Krankenhaus. Als die Frau wieder entlassen wurde, nahm sie die Reisenden mit zu sich nach Hause und ließ sie bei sich übernachten. Am nächsten Tag brachte sie sie wieder zurück zum Flughafen, von wo aus sie glücklich ihre Heimreise antraten.

Natürlich erwartet niemand diese Art von außergewöhnlichem Service von Ihnen. Trotzdem zeigt das Beispiel, wie schön es ist, wenn Menschen einander helfen. Denken Sie daran, wie Sie sich in der Vergangenheit gefühlt haben, als Sie sich mit einem Problem an einen Servicemitarbeiter wandten und dessen mürrische Antwort lautete: »Ich würde Ihnen ja gerne helfen, aber das ist nicht mein Job«, und der Sie dann sozusagen im Regen stehen ließ, anstatt Sie an einen Kollegen zu verweisen, der Ihnen weiterhelfen konnte.

Nichts ist umwerfender für Kunden oder Kollegen als Ihre Bereitschaft, einen kleinen Schritt weiter zu gehen, als Sie eigentlich müssten, um ihre Bedürfnisse zu erfüllen.

» *Wir müssen zurück zu unserem obersten Grundsatz, und der lautet: Unser Kunde kommt bei uns an erster Stelle.* «

*Louis V. Gerstner, Jr.*
*ehemaliger CEO, IBM Corp.*

# 21. Im Detail erkennt man guten Service

> »Die kleinen Dinge, die der Durchschnitt vergisst, machen den Ruhm des Meisters aus.«
>
> *Orison Swett Marden,*
> *Begründer der Zeitschrift* Success

Nach dem Unterschied zwischen eindrucksvollen und profanen Bauwerken gefragt, antwortete der Architekt Mies van der Rohe: »Gott ist in den Details, den Details, den Details!« Was für Spitzenarchitektur gilt, ist auch Maxime für erstklassigen Service: Wenn Sie auf die Details achten, und zwar auf die richtigen, dann werden die Kunden es zu schätzen wissen und immer wieder zu Ihnen kommen.

## Jede Einzelheit ist wichtig

Viele Details bestimmen das Bild, egal, wie unsere Arbeit beschaffen ist. Dazu gehört, wie wir aussehen, wie unser Arbeitsplatz aussieht, wie wir sprechen und was wir sagen. Hinzu kommen all die kleinen Aufmerksamkeiten und Annehmlichkeiten, die wir in unser Serviceangebot einbauen, aber auch all die Unannehmlichkeiten – Irrwege, die uns nicht bewusst sind, die unsere Kunden aber ertragen müssen.

Hervorragende Unternehmen legen ganz besonderen Wert auf die Details ihres Service. Die Belegschaft bei Walt Disney World hegt geradezu eine Leidenschaft für kleine Details, was die Besucher regelmäßig begeistert. Eine unserer Bekannten schwärmte in den höchsten Tönen von Shirley, dem Zimmermädchen, das sie während eines Aufenthalts in Disney

World kennengelernt hat. »Am Tag, als wir ankamen, sah ich die Notiz: ›Ihr Zimmer wurde von Shirley gereinigt. Genießen Sie Ihren Aufenthalt!‹ Ich bemerkte, dass der i-Punkt in Shirley ein kleiner Mickey war. Das sah süß aus, aber schließlich waren wir ja in Disney World. Am dritten Tag riss Shirley mich wirklich vom Hocker. Ich hatte ihr einen Zettel hinterlegt, auf dem ich um mehr Handtücher bat. Als wir zurückkamen, hing das ›Bitte nicht stören‹-Schild an der Badezimmertür. Innen hatte Shirley unsere Morgenzeitung und eine liegen gelassene Brille genommen, um zusammen mit den Extrahandtüchern die Form eines Mannes zu arrangieren, der auf der Toilette sitzt und Zeitung liest. Ich musste lauthals lachen. Ich glaube, ich werde das nie vergessen!«

Heutzutage wissen auch immer mehr Abteilungsleiter und Führungskräfte, dass ihr gutes Vorbild in diesen Dingen ein positives Klima im und für ihr Unternehmen schafft. Zum Beispiel:

- Fred Smith, Gründer und Vorstandsvorsitzender von Federal Express, beginnt viele seiner zahlreichen Besuche bei Federal-Express-Filialen damit, dass er in einem der typischen Lieferwagen des Unternehmens mitfährt.
- Bill Marriott junior, Vorstandsvorsitzender der Marriott-Hotels, nimmt ab und zu hinter der Rezeption Platz und empfängt neu ankommende Gäste; er leert auch Aschenbecher im Hotelfoyer und sammelt den Müll auf dem Parkplatz ein.
- Bei Disney World oder Disneyland werden Sie keinen Manager finden, der sich nicht höchstpersönlich für die Gäste bückt, um etwas aufzuheben, und der sich nicht selbst um die tausend Kleinigkeiten kümmert, die das Gesamterlebnis für die Besucher unvergesslich machen.

Diese Führungskräfte zeigen ihren Mitarbeitern auf vorbildliche Weise, was es heißt, sein Augenmerk auf Details zu richten. Auch Sie wirken in dieser Hinsicht als Vorbild für Ihre Kunden und Kollegen.

## Augenblicke der Wahrheit

Auf Details zu achten bedeutet jedoch mehr, als nur den Hausmeister zu spielen. Es ist wichtig, dass Sie daran denken – und auch Ihre Kollegen daran erinnern –, dass der Kontakt mit jedem beliebigen Teil Ihrer Arbeit und mit jedem Mitarbeiter Ihres Unternehmens einen Eindruck beim Kunden hinterlässt oder auch neu formt, positiv wie negativ. Wir nennen diese Gelegenheiten »Augenblicke der Wahrheit«.

Dieser Augenblick der Wahrheit tritt jedes Mal ein, wenn ein Kunde mit irgendeinem Teil Ihres Unternehmens in Kontakt kommt und sich mittels dieser Gelegenheit ein Urteil über die Qualität des gesamten Unternehmens bilden wird.

Deshalb kann jedes x-beliebige Detail zum Augenblick der Wahrheit für Ihre Kunden werden: das Aussehen Ihres Geschäfts, des Gebäudes, des Parkplatzes; die Versprechen, die Sie in Ihrer Werbung machen; wie lange das Telefon bei Ihnen läutet, bis jemand abhebt; wie ein Anrufer behandelt wird, wie die schriftliche Korrespondenz, die Rechnungen aussehen ... und nicht zuletzt: die persönlichen Kontakte, die er mit Ihnen hat.

## Nutzen Sie die Augenblicke der Wahrheit

Als Sie Ihre Stelle antraten, konzentrierte sich Ihre Einweisung wahrscheinlich auf diejenigen Augenblicke der Wahrheit, die an Ihrem Arbeitsplatz wichtig sind. Wenn Sie schon länger in Ihrem Unternehmen arbeiten, dann kennen Sie sicher noch viele weitere Punkte, die für den Kunden eine Rolle spielen. Um wahrhaft umwerfenden Service zu bieten, müssen Sie jeden einzelnen Augenblick der Wahrheit im Griff haben.

**Tipp:** Die Art und Weise, wie Sie Augenblicke der Wahrheit gestalten, gibt den Ausschlag für die Beurteilung durch Ihre Kunden. Machen Sie Ihre Sache gut, bekommen Sie Einsen und Zweien – und gewinnen treue Kunden. Bewältigen Sie diese Augenblicke schlecht, kassieren Sie Fünfen und Sechsen – und verlieren auch noch Ihre Kunden. Arbeiten Sie also so, dass Ihre Beurteilung gut ausfällt. Dies wird sich für Sie in klingender Münze auszahlen.

Im Laufe der Zeit denkt man schnell, man habe all die verschiedenen Augenblicke der Wahrheit im Griff, mit denen man konfrontiert werden kann. Glauben Sie das ja nicht! Ganz egal, wie viel Erfahrung Sie gesammelt haben und wie geschickt Sie in der Zwischenzeit geworden sind: Sie müssen stets damit rechnen, dass die Kunden Sie mit etwas Neuem überraschen. Ihre Kunden können praktisch alles und jedes in einen Augenblick der Wahrheit verwandeln.

Um die Augenblicke der Wahrheit in Ihrem Service gut zu beherrschen, sollten Sie die drei folgenden Verhaltensweisen übernehmen, um stets kundenorientiert zu handeln:

1. *Hören Sie nie auf, dazuzulernen:* Die Details, die den Kunden wichtig sind, ändern sich täglich und mit jedem neuen Kunden. Manchmal können Sie Ihre Kunden mit einer schnellen Reaktion beeindrucken, ein anderes Mal haben Sie perfekt recherchiert und verfügen nun über umfassende, gründliche und präzise Daten, und ein weiteres Mal glänzen Sie durch die Vielzahl der technischen Möglichkeiten, über die man Sie kontaktieren kann. Es gibt immer etwas Neues zu lernen.
2. *Fragen Sie Ihre Kunden:* Es gibt nur eine wirklich zuverlässige Methode, um die spezifischen Augenblicke der Wahrheit für den einzelnen Kunden herauszufinden: Sie müssen ihn dazu bringen, sie zu benennen.
3. *Informieren Sie sich bei Ihrem Unternehmen:* Zusätzlich zu Ihren eigenen täglichen Beobachtungen von Kundenpräferenzen können Sie Ihre Firma fragen, ob sie Untersuchungen und Studien durchführt (viele machen dies). Informieren Sie sich über die Marktforschung und nutzen Sie auch deren Erkenntnisse, um Ihre Kunden besser zu bedienen.

Es sind weder Löwen noch Tiger, die den Kunden abschrecken. Es sind eher Moskitos und Mücken, die ihn stören – die kleinen Dinge.

*»Nehmen Sie sich vor, an jedem Tag einen zehnminütigen, außergewöhnlich guten Serviceakt zu leisten, und bringen Sie Ihre Kollegen dazu, das Gleiche zu tun. In einem Unternehmen mit 100 Mitarbeitern käme man dann (unter Berücksichtigung von Urlaub, Feiertagen usw.) auf 24 000 außergewöhnliche Serviceakte pro Jahr. So macht man Revolutionen!«*

*Tom Peters*
*Managementguru*

# 22. Gute Verkaufstechnik ist guter Service – und umgekehrt

>»Nichts ist geschehen, bis jemand etwas verkauft.«
>*Marketing-Grundsatz*

Verkauf und Service sind keine getrennten Bereiche. Sie sind zwei Seiten derselben Medaille. Ganz gleich, ob auf Ihrer Visitenkarte Kundendienst und auf der Ihres Kollegen Verkauf steht, das Ziel ist das gleiche: die Zufriedenheit Ihrer Kunden. Dies war jedoch nicht immer so. Früher empfanden sich Verkaufs- und Servicemitarbeiter häufig als Kontrahenten.

Die Mitarbeiter im Verkauf und im Marketing sahen ihre Kollegen im Servicebereich und in der Fertigung als die Leute an, »die mir nie helfen, wenn ich etwas verkaufen will, und die immer alles vermasseln, wenn ich das Geschäft besiegelt habe«.

Die Mitarbeiter aus dem Servicebereich und der Fertigung ihrerseits bezeichneten Verkaufs- und Marketingleute als »die Leute im feinen Anzug«, »die abgehobene Werbung und lächerliche Zusagen machen, um ein Geschäft unter Dach und Fach zu bekommen, und uns dann mit dem schwierigen Teil der Arbeit sitzen lassen«.

Im heutigen Geschäftsleben haben Verkauf, Marketing, Service und Fertigung alle das gleiche Ziel: Kunden zu gewinnen und sie zu halten.

## Verkauf und Service überschneiden sich

Um Kunden zu gewinnen und sie auch zu halten, müssen Sie gute Verkaufstechnik mit gutem Service kombinieren. Nehmen wir dazu den Fall von Edgar Geizkragen, unzufriedener Besitzer eines Akkubohrschraubers, Modell »Handy-Andy 412-A«. (Dass er unzufrieden ist, wissen Sie genau, denn er hat gerade seinen neu erstandenen »Handy-Andy« auf den Ladentisch geknallt und verlangt sein Geld zurück.)

Nachdem Sie die Techniken des umwerfenden Service geschickt eingesetzt haben (zuhören, Fragen stellen, Problem herausfinden), kommen Sie zu dem Ergebnis, dass Edgar Geizkragen vor allem deshalb so verärgert ist, weil sein »Handy-Andy 412-A« dauernd aufgeladen werden muss und zudem zu wenig Leistung bringt. Sie wissen aber auch, dass dieses Modell nur für kleine Reparaturen im Haus konzipiert ist. Für industriellen Einsatz und Profihandwerker ist dieses Gerät gänzlich ungeeignet. Aber Herr Geizkragen baut in seiner Hinterhofwerkstatt Autos zusammen und fordert dem kleinen Gerät ständig Höchstleistungen ab. Für derartige Zwecke hat Ihre Firma den weitaus teureren »Turbo-Andy 412-C« im Angebot, den besten professionellen Elektrobohrschrauber der Branche und das perfekte Gerät für Herrn Geizkragens Vorhaben.

Wäre Herr Geizkragen bei seinem Kauf richtig beraten und bedient worden, hätte er jetzt nicht den falschen Bohrschrauber. Wie rettet man diese Situation?

Aktivieren Sie nun Ihre Servicekenntnisse und wählen Sie aus den folgenden vier Vorgehensweisen diejenige aus, die Ihnen am passendsten erscheint:

- Option 1: Sie sagen Herrn Geizkragen, dass er sich den ganzen Ärger hätte ersparen können, wenn er nicht so geizig gewesen wäre und sich gleich den richtigen Bohrschrauber geleistet hätte.
- Option 2: Sie erklären ihm die Grenzen des Modells 412-A, halten die Vorzüge des 412-C dagegen und empfehlen Herrn Geizkragen, den teureren Bohrschrauber zu kaufen.
- Option 3: Sie entschuldigen sich bei Herrn Geizkragen für die Unannehmlichkeiten, erläutern ihm die Unterschiede der beiden Modelle und bieten ihm an, den 412-A sofort zurückzunehmen und ihm auf den 412-C einen Sonderrabatt zu gewähren, um ihn für seine Unannehmlichkeiten zu entschädigen.
- Option 4: Sie entschuldigen sich für die Dummheit des damaligen Verkäufers, bieten Herrn Geizkragen an, den alten abgenutzten 412-A gegen einen funkelnagelneuen 412-C ohne weitere Kosten umzutauschen,

schenken ihm noch einen Satz Ihrer besten rostfreien Edelstahl-Bohrer dazu und bieten sich an, Herrn Geizkragens Wagen zu waschen.

Wir haben uns für Option 3 als die beste Vorgehensweise entschieden: Sie beweisen damit Interesse am Problem Ihres Kunden, kommen ihm entgegen und stellen Ihre Verkaufskunst unter Beweis. Dadurch bestrafen Sie Herrn Geizkragen nicht für den Irrtum beim ursprünglichen Kauf – unabhängig davon, ob es die Schuld Ihres Unternehmens oder seine war. Noch belohnen Sie ihn für sein streitsüchtiges und unerfreuliches Auftreten. Option 2 ist zu altmodisch, weil sie guten Service auf Reaktion auf Reklamationen beschränkt. Damit kann man heute keine Stammkunden mehr gewinnen. Die Optionen 1 und 4 deuten auf ein Unternehmen hin, das keinen Wert auf gute Servicemitarbeiter legt.

## Verkaufen ist nicht immer guter Service

Es gibt drei Situationen, in denen Verkaufen nicht gleichbedeutend mit gutem Service ist:

1. *Es gibt keine Alternativen:* Die Wünsche des Kunden können mit keinem Produkt und keiner Dienstleistung, die Sie anbieten, erfüllt werden – egal, wie gut Sie das Problem beheben, die Fragen des Kunden beantworten oder das Produkt/den Service erklären.
2. *Sie haben keine Chance:* Sie wissen, wie Sie das Problem beheben können. Aber der Kunde war schon sauer, als er kam, reagiert nur sauer und will offensichtlich weiterhin sauer bleiben. Es besteht keine Aussicht, die Laune des Kunden zu heben, und schon gar keine, ihm ein besseres oder ein anderes Modell zu verkaufen.
3. *Es macht keinen Sinn:* Eine verbesserte oder zusätzliche Leistung wäre vollkommen unlogisch, ohne Bezug oder unpassend, wie bei folgendem Angebot: »Möchten Sie heute Morgen vielleicht ein Knoblauchbaguette zu Ihrem Cappuccino?« Oder: »Mit diesem neuen Vertrag könnten Sie 60 Euro bei Ihrer Telefonrechnung sparen«, wenn sich die gesamte Rechnung des Kunden nur auf 35 Euro beläuft. Stellen Sie sicher, dass Sie dem Kunden ein der Situation entsprechendes Angebot machen.

# Wann ist Verkaufen guter Service?

Es gibt fünf Situationen, in denen Verkaufen gleichbedeutend mit gutem Service ist:

1. *Wenn der Kunde das falsche Produkt oder die falsche Dienstleistung gewählt hat,* Sie aber wissen, welches Modell, welcher Service oder welche Vorgehensweise besser auf seine Bedürfnisse zugeschnitten ist, und in der Lage sind, ihm das Entsprechende zu verschaffen.
   »Es wird schwierig werden, Podcasts oder Fotos mit der von Ihnen gewünschten Geschwindigkeit herunterzuladen, wenn Sie bei Ihrem aktuellen Tarif bleiben. Sie können sich überlegen, zu unserem neuen digitalen Tarif zu wechseln, damit klappt es nämlich.«

2. *Wenn der Kunde das richtige Produkt oder die richtige Dienstleistung von Ihrer Firma bereits bezieht,* aber ein zusätzliches Teil, Programm oder eine weitere Leistung nötig ist, damit das Produkt oder die Dienstleistung richtig funktioniert: »Sie benutzen das Betriebssystem Windows 2003. Unsere Software ist auf Windows 7 zugeschnitten. Ich kann Ihnen aber ein Upgrade für Windows 2003 anbieten, und damit wäre Ihr Problem gelöst.«

3. *Wenn das Produkt oder die Dienstleistung veraltet ist:* »Ich kann Ihnen ein Ersatzteil zuschicken und Ihnen beim Einbau behilflich sein. Ich halte es allerdings für die bessere Idee, sich ein neues Modell anzuschaffen, das für Ihre Zwecke besser geeignet ist. Der Laser XJ7 hat mehr Schnittstellen und kann außerdem ...«

4. *Wenn ein Zusatzprodukt oder eine Zusatzleistung anderen Problemen vorbeugen kann:* »Ich sehe, dass Sie sich gegen den erweiterten Garantieschutz entschieden haben. Aber da Sie während der Garantiezeit bereits zwei Probleme hatten, frage ich mich, ob es nicht besser wäre, diese Entscheidung noch einmal zu überdenken.«

5. *Wenn der Wechsel zu einem anderen Produkt oder einer anderen Dienstleistung vom Kunden als Wertsteigerung oder als besonderes Entgegenkommen empfunden wird:* »Ein solches Konto darf nur bis zu einem bestimmten Betrag überzogen werden. Das ist der Grund für die hohen Zinsen, die Ihnen berechnet wurden. Ich würde Ihnen gerne

einen anderen Kreditplan empfehlen, der besser und günstiger für Sie ist.«

Wenn auf Ihrem Namensschild Kundenservice steht, dann ist der Dienst am Kunden Ihre Vollzeitbeschäftigung. Aber denken Sie daran: Auch wenn in Ihrer Arbeitsbeschreibung nichts auf den Verkauf hinweist, so sind Sie doch Teil eines Verkaufs- und Marketingteams. Ihre Arbeit hat stets zwei Seiten.

*»Im Alltag sind Verkauf und Service untrennbar.«*

*Leonard Berry, David Bennett, Carter Brown*
Service Quality

# 23. Im digitalen Zeitalter mit Kunden kommunizieren

> »Je technisierter die Welt, desto attraktiver wird
> persönlicher Service!«
>
> *John Naisbitt, Megatrends*

Persönlicher Kontakt, Telefon, E-Mail, Online-Chat, SMS, Blogs, Twitter, soziale Medien, digitales Video – das ist erst der Anfang einer Liste aller Kommunikationsmedien. Die Optionen, die einem Kunden heute zur Verfügung stehen, um mit einem Unternehmen zu kommunizieren, scheinen jede Woche zuzunehmen.

Was bedeutet das für Sie, den Profi in Sachen Kundendienst? Ganz einfach: Sie müssen auf dem Laufenden sein – mehr denn je zuvor! Es genügt nicht mehr, den richtigen Ton zu treffen und zügig zu arbeiten, wenn Sie einen Kunden an der Strippe haben, nein, Sie müssen Ihr Repertoire erweitern und all diese Kommunikationsmedien meisterhaft beherrschen.

Lassen Sie uns einen Blick auf einige der am häufigsten verwendeten Medien werfen.

## E-Mail und Telefon

Fraglos ist E-Mail das beliebteste Kommunikationswerkzeug dieser Tage. Manchmal ist es jedoch sinnvoller und effektiver, um nicht zu sagen effizienter, jemanden kurz anzurufen, um benötigte Informationen schnell und ohne großes Aufheben zu erhalten. Ein weiterer Vorteil eines Anrufs ist, dass er es Ihnen ermöglicht, eine Beziehung zu Ihrem Kunden aufzubauen.

Andrew Pearce, Chief Executive von Powwownow, fasst zusammen, in welchen Situationen es besser ist, eine E-Mail zu schreiben, und wann ein Telefonanruf die bessere Wahl ist. (Im folgenden Kapitel erfahren Sie mehr über die Verhaltensregeln für die Kommunikation per E-Mail.)

In diesen Situationen ist eine E-Mail die bessere Wahl:

- *Nachweis der stattgefundenen Kommunikation.* In Fällen, in denen es nützlich sein kann, über eine digitale Aufzeichnung eines Gesprächs, einer Zusendung eines Dokuments oder einer mündlichen Preisabsprache oder des vereinbarten Projektablaufs zu verfügen, ist eine E-Mail ein sehr effektives Werkzeug.
- *Details.* Es ist sprichwörtlich: »Der Teufel steckt im Detail.« Das ist eine passende Beschreibung für diese mitunter lästigen, aber häufig entscheidend wichtigen Teile einer Transaktion, eines Projekts, eines Plans oder Vertrags. Wenn Sie diese Details in einer E-Mail erfassen, wird das Risiko, etwas Wichtiges zu übersehen, verschwindend gering, und Sie erstellen auf diese Weise eine Dokumentation, die auch für Ihre Kollegen einmal wichtig werden könnte.
- *Nachfassen.* Das ist wahrscheinlich die zweitbeste Verwendung von E-Mails, insbesondere nach einer Besprechung oder nach einem Gespräch mit einem neuen oder potenziellen Kunden. Dieser einfache Schritt erlaubt es Ihnen, den Dialog mit ihm fortzusetzen und Ihre Freude über den Auftrag zu zeigen, Ihre organisatorischen Fähigkeiten zu demonstrieren oder einfach nur Danke zu sagen.
- *Aktualisierungen und Kunden-Feedback.* Mit E-Mails ist es ein Kinderspiel, den aktuellen Stand der Dinge mitzuteilen, Ihre Kunden auf dem Laufenden halten oder Vorgesetzte und Kollegen auf neue Entwicklungen und Trends im Kunden-Feedback hinzuweisen.

Keine Frage, gerade bei schwierigen oder unangenehmen Themen schreibt man lieber schnell eine E-Mail, als zum Hörer zu greifen. Fakt ist, dass sie zu einem bequemen Ersatz für problematische Gespräche geworden ist. Warum in die Konfrontation gehen, wenn auch eine knappe E-Mail genügt und man dem Gespräch damit aus dem Weg gehen kann? In der Theorie mag das nach einer perfekten Lösung klingen, doch in der Praxis erweisen Sie damit Ihren Kunden einen schlechten Dienst. In diesen und zahllosen anderen Situationen ist ein Telefonanruf die weitaus bessere Lösung.

Hier ist das Telefon die bessere Wahl:

- *Heikle Themen oder Details.* Häufig ist es am besten, wenn Sie unverzüglich auf eine Beschwerde oder besorgte Anfrage reagieren und das Problem sofort aus der Welt schaffen. Immer wenn Sie Ihre Kunden sofort auf ein Problem hinweisen, das Sie soeben bemerkt haben, kassieren Sie dafür ein dickes Lob. Ihr Kunde ist vielleicht nicht glücklich, dass ein Problem aufgetreten ist, aber er wird Ihre Ehrlichkeit zu schätzen wissen.
- *E-Mail-Flut.* Wenn zu viele E-Mails oder zu viele Details hin und her gehen, verliert man leicht den roten Faden. Manchmal ist ein kurzes Telefongespräch genau das Richtige, um zu verhindern, dass der Posteingang überquillt.
- *Tonfall.* Manchmal müssen Sie sich auf Ihr Gefühl verlassen, um mitzubekommen, was Ihr Gegenüber nicht ausspricht. Die meisten von uns haben bereits auf die harte Tour lernen müssen, dass Sarkasmus in einer E-Mail nichts verloren hat. Es gibt immer wieder Situationen, in denen es wichtig ist, die Stimmlage und den Tonfall zu hören oder die Pausen oder sogar das Schweigen am anderen Ende der Leitung mitzubekommen.
- *Erster Eindruck.* Wenn Sie sich oder Ihr Unternehmen vorstellen oder ein Angebot abgeben wollen und ein persönlicher Kontakt nicht möglich ist, ist ein Anruf die zweitbeste Möglichkeit, um einen guten ersten Eindruck zu hinterlassen. Ganz gleich, wie toll und überzeugend Sie Ihre E-Mail formuliert haben, ein persönliches Gespräch – auch am Telefon – ist und bleibt etwas ganz anderes.
- *Klarheit.* Wenn Sie Einzelheiten oder bestimmte Vorgehensweisen überprüfen müssen, die schriftlich ausgemacht wurden, ist das Telefon die bessere Wahl. Ein Gespräch von nur ein paar Minuten am Telefon reicht aus, um gemeinsam mit Ihren Kunden ein Dokument oder einen Plan durchzugehen, einzelnen Punkte zu ergänzen oder zu klären.

Umwerfende Servicemitarbeiter müssen die unterschiedlichen Kommunikationsformen meisterhaft beherrschen. Natürlich erlaubt das Medium E-Mail ein größeres Maß an Flexibilität, weil wir ganz schnell eine E-Mail verfassen können, auf »Senden« drücken und – ruck, zuck – die Aufgabe von unserer Liste streichen können. Doch Sie müssen immer auf die Bedürfnisse Ihrer Kunden eingehen. Hat sich Ihr Kunde schon einmal über

Ihr Unternehmen geärgert? Ein Anruf, in dem Sie in warmherzigem Ton nachfragen, wie es ihm geht oder ob Sie noch irgendetwas für ihn tun können, wirkt wahre Wunder und sorgt dafür, dass Ihr Unternehmen in seinen Augen wieder in einem guten Licht dasteht. Halten Sie sich immer vor Augen, wie wichtig ein persönliches Verhältnis zu Ihren Kunden ist.

## Online-Chat

Sie besuchen gerade eine Website und sehen sich verschiedene Produkte an. Alles läuft gut, bis Sie plötzlich feststellen, dass Sie nicht wissen, bei welchem Modell Kopfhörer im Lieferumfang enthalten sind und bei welchem nicht. Im Augenwinkel sehen Sie, wie sich ein kleines Popupfenster öffnet: »Hallo, ich heiße Tanja. Kann ich Ihnen helfen?«

Freudig überrascht klicken Sie auf Tanjas warmherzige Begrüßung, und Ihr Computer macht daraufhin erst einmal gar nichts. Sie warten und warten und warten, dass sich Tanja bei Ihnen meldet. Nach einer gefühlten Ewigkeit ist es so weit: Tanja erscheint in einem Chat-Fenster, stellt sich erneut vor, fragt nach Ihrem Namen und möchte wissen, wie sie Ihnen helfen kann.

Sie tippen schnell die zwei Modellnummern ein, die Sie miteinander verglichen haben, und fragen, bei welchem von ihnen Kopfhörer dabei sind.

Tanja antwortet rasch: »In der Artikelbeschreibung sind alle Merkmale aufgeführt. Beantwortet das Ihre Frage?«

Sie seufzen frustriert und versuchen es erneut: »Nein, nicht ganz. Mir ist klar, das diese Informationen normalerweise aufgeführt sind; in diesem Fall bin ich mir aber unsicher.«

Angespannt warten Sie auf Tanjas Antwort, und schon spukt das Bild von ihr in Ihrem Kopf herum, wie sie sich ebenfalls seufzend an die Antwort macht: »Ich verstehe. Lassen Sie mich das kurz prüfen. Das kann einen Moment dauern. Vielen Dank für Ihre Geduld.«

Sie lesen ein paar E-Mails, während Sie auf Tanjas Antwort warten, und fragen sich immer mal wieder, ob die Verbindung vielleicht unterbrochen wurde, nein ... anscheinend sind Sie noch mit ihr verbunden. Nach einer Wartezeit von rund drei Minuten antwortet Tanja: »Ich habe das überprüft, beide Modelle haben Kopfhörer. Das erste auf Ihrer Liste ist mit einem Kopfhörer ausgestattet, der direkt im Ohr getragen wird, und das andere Modell hat einen ganz normalen, herkömmlichen Kopfhörer. Gibt es noch etwas, was ich für Sie tun kann?«

Unglaublich! Sie haben die Antwort bekommen, auf die Sie gewartet haben! Die Warteschleife blieb Ihnen erspart, Sie mussten nicht auf die Antwort auf Ihre E-Mail warten, und das Risiko bestand nicht, versehentlich den falschen Artikel zu bestellen! Tanja hat Ihnen tatsächlich den Tag gerettet! Schnell schreiben Sie: »Nein, Tanja, vielen Dank für Ihre Hilfe – das war alles, was ich wissen wollte!«

Ein paar Sekunden später antwortet Tanja: »Ich wünsche Ihnen noch einen schönen Tag und bedanke mich für Ihren Besuch auf unserer Website.« Und weg ist sie!

Was könnte einfacher, problemloser und produktiver sein? Für viele Kunden ist es schon frustrierend, wenn Unternehmen diesen Service nicht anbieten. Keine Frage, das eignet sich nicht für alle Unternehmen, aber denken Sie einmal darüber nach – wäre das nicht eine Möglichkeit, wie Sie Ihren Kunden besser weiterhelfen könnten?

## Online-Chat-Etikette

Es war wohl nicht weiter schwierig für Tanja, ihren Kunden zu seiner Zufriedenheit zu bedienen. Trotzdem wollen wir Ihnen die folgenden Online-Chat-Tipps nicht vorenthalten, wer weiß, wozu Sie sie brauchen können.

1. Vermitteln Sie Interesse an Ihrem Kunden, indem Sie ihn während des Chats ein paar Mal mit seinem Namen anreden.
2. Lesen Sie die Fragen des Kunden genau durch – wenn Sie dem Kunden zweimal hintereinander die gleiche oder eine ähnliche Frage stellen, zeigt das, dass Sie nicht aufmerksam bei der Sache sind.
3. Formulieren Sie Ihre Antworten positiv. Anstelle zu sagen »Ich habe überhaupt keine Ahnung, wovon Sie sprechen«, sagen Sie etwas wie: »Das ist eine gute Frage, lassen Sie mich das für Sie herausfinden. Können Sie einen Moment dranbleiben?«
4. Am besten, Sie legen sich ein paar warmherzige und freundliche Standardantworten zurecht. Aber verlassen Sie sich nicht ausschließlich darauf.

5. Achten Sie auf die richtige Grammatik und einen angenehmen Umgangston.
6. Prüfen Sie Ihre Antwort auf Rechtschreibfehler, bevor Sie die Senden-Taste drücken.


## Ein paar Worte über SMS

Zweifellos hat SMS die Welt in den letzten Jahren im Sturm erobert. Kids beantworten Telefonanrufe ihrer Eltern nicht mehr, sondern senden lieber sofort eine SMS. Die Versuchung ist groß, dieses schnelle und effiziente Werkzeug auch bei der Arbeit zu benutzen. Dabei sollten Sie jedoch ein paar Dinge beachten:

1. SMS ist ein extrem informelles Medium. Es kann sehr schwierig sein, eine professionelle, gut durchdachte Nachricht in 160 Zeichen oder weniger zu schreiben.
2. Der Absender einer SMS lässt sich manchmal nicht herausfinden. Häufig sind SMS-Programme so eingestellt, dass die gesendete Nachricht automatisch gelöscht wird – und weg ist weg. Bei Missverständnissen kann dies zum Problem werden.
3. SMS ist nicht nur ein informelles Medium, sondern auch zu persönlich für den Arbeitsplatz. Ihre Kunden mögen es möglicherweise gar nicht, wenn Sie sie während der Arbeitszeit auf ihrem privaten Handy per SMS kontaktieren.
4. SMS kann die Professionalität eines Telefonanrufs nicht ersetzen. Nehmen Sie die Beziehung zu Ihren Kunden nicht auf die leichte Schulter. Wenn Ihr Kunde das Gefühl hat, dass Sie ihn oder seinen Kauf nicht ernst nehmen, zieht er möglicherweise die Konkurrenz in Betracht.
5. Natürlich gibt es auch die richtige Zeit und den richtigen Ort für eine SMS. Denken Sie jedoch einmal, zweimal und dreimal nach, bevor Sie Ihren Kunden eine SMS schreiben, insbesondere wenn Sie beabsichtigen, Abkürzungen oder Smileys zu verwenden.

# Unternehmens-Websites

Unternehmens-Websites sind eine gute Gelegenheit, um Communities aufzubauen. Eine Community bedeutet, dass eine Website mehr ist als nur eine Einkaufsgelegenheit; hier kann man etwas lernen, Wissen teilen und mit anderen kommunizieren. Mit einer solchen Website können sich die Besucher identifizieren, weil sie in ein Gespräch einsteigen oder dazulernen können. Eine Community aufzubauen ist eine relativ kostengünstige Angelegenheit, da die Besucher viele Inhalte selbst erzeugen. Ein weiterer großer Vorteil besteht darin, dass das Unternehmen und Sie weiterhin die Kontrolle darüber haben. Sie haben die Möglichkeit, auf Probleme einzugehen, Fragen zu beantworten und falsche Informationen richtigzustellen.

Sie sollten den nächsten Kundenkontakt nutzen, um sich zu erkundigen, ob Bedarf nach zusätzlichen Produktinformationen, Anwendungen oder Dienstleistungen besteht. Weil Sie das Ohr Ihres Unternehmens sind, sollten Sie immer offen für Anregungen sein. Je weniger Kontakte Ihre Kunden mit Ihren Mitarbeitern haben, umso mehr zählt jeder einzelne von ihnen.

## Die Welt der sozialen Medien

Soziale Medien sind überall! Damit wird Werbung gemacht oder der Kontakt zu seinen Freunden gepflegt, und sie bieten eine wunderbare Gelegenheit für Kunden, um Feedback über ihre Erfahrungen mit Ihrem Unternehmen zu geben. Kunden können darüber schnell über Begegnungen der unerfreulichen Art Dampf ablassen und sind nicht länger auf das Feedbackportal auf Ihrer Website angewiesen. Es gibt zahllose Möglichkeiten: Facebook, YouTube, Twitter, MySpace, Diggit und viele andere mehr. Und worauf wollen wir hinaus? Richtig, Kunden, die Sie über digitale Medien ansprechen, unterscheiden sich nicht von denjenigen, die herkömmliche Kommunikationswege bevorzugen. Auch sie wollen, dass man ihnen zuhört, ihre Fragen beantwortet und sie mit Würde und Respekt behandelt.

*»Technologie kann nicht ihr Bestes geben, Menschen schon.«*

*Avis-Werbung*

# 24. Zeigen Sie sich auch in E-Mails von Ihrer besten Seite

»Wenn Sie sich per E-Mail bewerben,
hinterlassen Sie nicht nur einen ersten Eindruck,
sondern auch einen schriftlichen Nachweis.«

*Virginia Shea, Guru der Netiquette™*

Viele Unternehmen kommunizieren regelmäßig mit ihren Kunden per E-Mail, manchmal über die Firmen-Website, ein anderes Mal über einen ISP (Internetserviceprovider) wie MSN, Yahoo oder Google.

Unabhängig davon, wie eine E-Mail letztlich in Ihrem Computer landet oder von dort aus versendet wird, gibt es auch hier Regeln für einen professionellen Umgang mit Ihren Kunden, ganz zu schweigen von den Erwartungen, die diese an Sie stellen. Ein Kriterium dafür, wie gut Online-Service ist, lautet: Wie einfach ist das Unternehmen zu kontaktieren und wie schnell und präzise werden Fragen beantwortet? Auch wenn Ihr Unternehmen vielleicht über eine perfekt ausgearbeitete FAQ-Seite im Internet verfügt, wird sich die Meinung der Kunden über die Qualität Ihres »E-Services« eher auf die Qualität und Schnelligkeit Ihrer Antworten auf Fragen und Beschwerden per E-Mail stützen als auf einen statischen Selbstbedienungsladen.

Halten Sie sich vor Augen, dass Sie das Unternehmen für Ihre Kunden verkörpern – und daran hat auch das unpersönliche Zeitalter des Internets nichts geändert. Ihr Unternehmen kann täglich Tausende E-Mails verschicken, trotzdem genügt eine schlecht formulierte, patzige oder stereotype Antwort, und Ihr Ruf ist ruiniert.

# Der E-Mail-Kunde

Ebenso wie die gute Laune des Telefonkunden schwindet, wenn sein Anruf nicht beim ersten oder zweiten Klingelton entgegengenommen wird, ist auch der E-Mail-Kunde wenig beeindruckt, wenn es zwei oder drei Tage dauert, bis er eine Antwort auf seine Frage oder Beschwerde erhält. Wie würden Sie sich fühlen, wenn Sie jemand ganze zwei Tage in der Warteschleife hält? Kunden wollen, dass sie ihre Antworten per E-Mail fast genauso schnell wie am Telefon erhalten. Schließlich, könnte man sie argumentieren hören, läuft das Ganze doch über einen Computer – sollte also blitzschnell gehen. Wenn dann noch Twitter als Kommunikationsmedium dazukommt, nimmt die Erwartungshaltung an die Reaktionszeit exponentiell zu. Viele Unternehmen beschäftigen heutzutage ganze Serviceteams, die das »Gezwitscher« überwachen, um jederzeit schnell reagieren zu können. Wenn Ihr Kunde jemals diese Art von Interaktion erlebt hat, erwartet er Reaktionen im wahrsten Sinne des Wortes postwendend.

**Tipp:** Für geschäftliche E-Mails gelten acht Stunden Wartezeit auf die Antwort als angemessen, mit sinkender Tendenz. In manchen Branchen gelten schon heute zwei bis vier Stunden als Norm. Wenn Sie nicht am selben Tag auf eine Kundenanfrage antworten können, sollten Sie zumindest den Erhalt der Nachricht bestätigen. Teilweise erfolgt dies automatisch. Wenn das bei Ihnen nicht der Fall ist, sollten Sie den Empfang seiner Nachricht bestätigen und Ihrem Kunden mitteilen, wann Sie Zeit für eine ausführliche Antwort haben.

# E-Mails beantworten

Viele Menschen sind es gewohnt, mit ihren Freunden auf elektronischem Weg zu plaudern. Die Schnelligkeit der Kommunikation per E-Mail und das Fehlen jeglicher formellen Anforderung verleihen diesem Medium einen viel unterhaltsameren Charakter als jedes Schreiben. Aber seien Sie vorsichtig! Behandeln Sie Ihre Kunden nicht wie alte Freunde – außer sie sind es. Und achten Sie darauf, welchen Sprachstil Sie in Ihrer E-Mail verwenden: Wenn Sie nicht gerade an jemanden schreiben, der mit den Gepflogenheiten Ihrer Branche sehr vertraut ist, sollten Sie keine Fachbegriffe und Kürzel verwenden. Ihr Kunde weiß möglicherweise nicht, was ein POS-Display oder ein XD29-System ist. Es ist auch ein (potenziell gefährlicher) Irrtum anzunehmen, dass jeder, der Ihnen eine E-Mail schreibt, mit allen Besonderheiten und Konventionen vertraut ist. Zum Beispiel verwenden Menschen, die häufig auf diese Weise korrespondieren, Akronyme wie IMHO (in my humble opinion, deutsch: meiner bescheidenen Meinung nach) oder BTW (by the way, deutsch: übrigens), oder sie benutzen in ihren Texten Emoticons, das sind Symbole, die Gefühle ausdrücken sollen, wie Smileys.

Wenn Sie eine E-Mail schreiben, denken Sie nach, wer am anderen Ende der Datenleitung sitzt:

- Ist Ihr Leser jung oder alt? Handelt es sich um einen hochrangigen Manager oder den neu eingestellten Werkstudent? Kommunizieren Sie in seiner Muttersprache? Vergewissern Sie sich, dass Ihr Kunde versteht, was Sie schreiben, und mit der Art und Weise, wie Sie es schreiben, vertraut ist. Selbst bei jungen, internetbegeisterten Kunden kommen eine lockere Sprache oder scherzhafte Bemerkungen im Geschäftsleben nicht unbedingt gut an. Und ältere Kunden ärgern sich schnell über die mangelnde Formalität oder fehlenden Respekt in Ihrer Nachricht.
- Wie ist Ihre Beziehung zu diesem Kunden? Wenn Sie mit dieser Person noch nicht viele E-Mails ausgetauscht haben, sollten Sie vorsichtshalber formal und respektvoll schreiben. Und wenn ein Kunde schon verärgert ist, sollten Sie auf keinen Fall Scherze machen, egal wie gut Sie ihn kennen.
- Kommen Sie zur Sache. Muten Sie dem Leser keine 30 Zeilen Text zu, bevor er den wesentlichen Punkt erfährt. Nennen Sie den Zweck Ihrer E-Mail kurz nach der Begrüßungsfloskel, alles andere kostet Sie und Ihren Kunden nur unnötig Zeit.
- Lesen Sie Ihre Korrespondenz sorgfältig durch, bevor Sie auf »Senden« drücken. Achten Sie auf den Tonfall. Ein kalter, unpersönlicher Ton sagt Ihrem Kunden, dass er für Sie nur einer von vielen ist. Viel Fachbegriffe und Amtsdeutsch stiften eher Verwirrung, als der Sache zu dienen, oder bringen Ihre Kunden dazu, sich zu fragen, ob Sie etwas zu verbergen haben. Auch Rechtschreibfehler in E-Mails lassen tiefe Rückschlüsse zu. Wenn Ihnen die Angelegenheit nicht wichtig genug ist, um auf die

Rechtschreibung zu achten, zumindest denkt so der Kunde, wie werden Sie dann wohl mit seinen sonstigen Wünschen umgehen?

- Achten Sie darauf, dass Ihre Nachricht an die richtigen Empfänger versendet wird. Oft drückt man automatisch auf die Antworten-Taste, und plötzlich landet eine Nachricht bei vielen im Posteingang, die sie gar nicht lesen müssten, für die sie eine geringe Priorität hat oder sogar völlig irrelevant ist. Zuweilen erhalten Menschen vertrauliche Nachrichten, die sie gar nicht lesen dürften. Das Gleiche gilt für das unbedachte Weiterleiten von Nachrichten an Kunden oder Kollegen. Es ist nervtötend, erst durch eine lange Liste von E-Mail-Korrespondenz scrollen zu müssen, bevor man die »Nadel im Heuhaufen«, die eigentliche Nachricht, findet. Überprüfen Sie immer, wer als Empfänger aufgeführt wird (unter »An«), bevor Sie auf »Antworten« drücken.

**Tipp:** Aufgepasst beim Senden von Anhängen an Kunden. Vergewissern Sie sich zunächst, ob der Empfänger über die richtige Software verfügt, um die Datei auch öffnen zu können. In einigen Unternehmen gelten zudem als Schutz vor Viren Richtlinien für den Empfang von Anhängen oder das Herunterladen von großen Dateien, die ihre Systeme in die Knie zwingen könnten. Im Zweifelsfall fragen Sie vorher beim Kunden nach, ob es in Ordnung ist, wenn Sie ihm eine E-Mail mit Anhang senden.

## Das gewünschte Ergebnis

Überlegen Sie sich, was Sie mit Ihrer Mail bezwecken möchten. Aus Ihrem Text sollte der Grund Ihres Schreibens hervorgehen und was Sie gegebenenfalls von Ihrem Kunden als Reaktion darauf erwarten. Möchten Sie, dass er etwas erledigt? Wenn ja, bis wann und in welcher Form? Soll er das Schreiben aufbewahren, weil wichtige Informationen enthalten sind, auf die später vielleicht einmal Bezug genommen wird? Wenn ja, wie lange? Soll er es an einen Dritten weiterleiten? Wenn ja, an wen und bis wann? Schreibkompetenz gehört unabdingbar zu einem guten Service dazu. Unbeholfene Formulierungen haben eine zerstörerische Wirkung auf das, wofür Sie so hart gearbeitet haben: Ihre Beziehung zu Ihren Kunden.

**Drei Tipps für das Verfassen von E-Mails**

1. Verleihen Sie Ihrer E-Mail eine persönliche Note. Zwar sollten E-Mails an die Kunden förmlicher sein als an Freunde oder Kollegen, insgesamt aber ist ein lockerer Stil üblich. Nichts lässt einen Kunden kälter als eine vorformulierte Antwort auf seine Probleme oder Sorgen, die ihm den Schlaf geraubt haben. Wann immer möglich unterzeichnen Sie die E-Mail persönlich, nicht mit dem Namen Ihres Unternehmens, geben gezielt Antworten auf die Fragen Ihres Kunden und verabschieden sich mit einer persönlichen Schlussformel.

2. Denken Sie beim Verfassen von E-Mails an eine alte Schreibmaschine aus den 1950er Jahren. Da heutzutage viele Menschen über ihre BlackBerrys, iPhones, Droids und andere mobile Geräte per E-Mail kommunizieren, ist es ganz normal, E-Mails zu empfangen, die keine Sonderzeichen, Aufzählungszeichen, Kursivschrift, Unterstreichungen und Tabulatoren enthalten. Achten Sie darauf, dass Ihre E-Mail einfach, klar und verständlich gehalten ist.

3. Vermeiden Sie »GESCHREI«. Das Schreiben in Großbuchstaben bedeutet im Internet, dass jemand angebrüllt wird. Zur Hervorhebung sind einzelne Worte in Großbuchstaben erlaubt. Ansonsten sollte man lieber auf andere Methoden zurückgreifen, beispielsweise *Sternchen*, um Kursivschrift, oder _Unterstriche_, um Unterstreichungen anzudeuten.

# Personalisierung

Für die Beantwortung von Anfragen, die per E-Mail gestellt wurden, gilt, dass Kunden persönliche Nachrichten wesentlich mehr schätzen als standardisierte, computergenerierte Antworten. Ihr persönliches Schreiben zeigt dem Kunden, dass Sie ihm entgegenkommen werden. Verfügt Ihr Unternehmen über eine Website mit der Möglichkeit des Online-Shoppings, ist Personalisierung der einfachste und direkteste Weg, das Einkaufserlebnis für Ihre Kunden zu optimieren. Eine gemeinsame Studie der Society of Consumer Affairs Professionals (SOCAP) und Yankelovich Partners hat gezeigt, dass nur ein Prozent der befragten Online-Einkäufer der Ansicht war, dass in einer problematischen Situation eine automatische Antwort

Zeigen Sie sich auch in E-Mails von Ihrer besten Seite

genüge. Das Urteil eines Kunden über Ihr Unternehmen hängt von Ihrer Reaktion auf dessen Anfragen und Probleme ab. Lesen Sie die folgenden E-Mails echter Kunden und die zugehörigen Antworten der Servicemitarbeiter und überlegen Sie sich, ob sie als Vorbild dienen könnten, um Ihre Korrespondenz mit Ihren Kunden persönlicher zu gestalten.

## Von einem Kunden:

Sehr geehrte Damen und Herren,

ich würde gerne den Mistelzweig mit Plätzchen von Disney bestellen, auch wenn Weihnachten schon vorbei ist. Hält der Zweig bis nächste Weihnachten oder ist er bis dahin vertrocknet? Ich konnte nicht erkennen, ob der Zweig echt oder künstlich ist.

## Die Antwort:

Sehr geehrter Disney-Gast,

vielen Dank für Ihre E-Mail.
Nachfolgend erhalten Sie eine Antwort auf die angefragten Informationen zu Artikel Nr. 20228 Disney-Mistelzweig.
Der Mistelzweig ist mit Plätzchen dekoriert, die vermutlich nicht bis zum nächsten Weihnachtsfest halten werden. Der eigentliche Zweig besteht aus Kunststoff, sodass Sie ihn viele Jahre verwenden können.
Wenn wir sonst noch etwas für Sie tun können, lassen Sie es uns bitte wissen.

Mit freundlichen Grüßen,
DisneyStore.com

**Von einem Kunden:**

Sehr geehrte Damen und Herren,

ich überlege mir, einen 7er Holz-Golfschläger zu kaufen – können Sie mir sagen, ob und wie sich mein Handicap dadurch verbessern wird?

David Meier

**Die Antwort:**
Sehr geehrter Herr Meier,

ein Holz 7 ersetzt das 3er Eisen. Sie können es auch draußen auf dem Rough verwenden, wenn der Ball etwas höher liegt, aber normalerweise ersetzt er das 3er Eisen. Bei langen harten Schlägen, wenn der Ball schwer zu schlagen ist, ist es das genau das Richtige. Gut für den Abschlag und für lange Eisenschläge!

Gut Holz!
Noch einen schönen Tag,

Andreas Reichert
Fogdog.com
Der ultimative Sportladen

»Sie ist stolz darauf, dass sie 95 Prozent aller E-Mails von Kunden innerhalb von drei Tagen beantwortet. (Ist ihr denn nicht klar, dass die Mehrheit aller Kunden schon nach ein paar Stunden die Website der Konkurrenz besucht?)«

Genesys-Werbung

Zeigen Sie sich auch in E-Mails von Ihrer besten Seite

# 25. Positiv auf negatives Feedback reagieren

> »Es ist besser, wir kümmern uns um unsere Kunden,
> bevor es jemand anderes tut.«
>
> *Gary Richard, Präsident und CEO,*
> *P.C. Richard and Son, Inc.*

Es ist noch gar nicht lange her, da war die Reaktion auf das Feedback eines Kunden eine einfache Sache. Kunden riefen in einem Callcenter an, schickten eine E-Mail oder wandten sich an einen Servicemitarbeiter, wenn sie ein Problem ansprechen oder etwas über die Qualität von Produkten oder Dienstleistungen sagen wollten. Doch das ist, wie wir alle wissen, Schnee von gestern. Dank allgegenwärtiger sozialer Netzwerke, spezieller Websites, auf denen Kunden ihre Bewertung eines Unternehmens abgeben können, und der wachsenden Anzahl von Diskussionsforen, die Unternehmen sogar auf ihren eigenen Websites anbieten, schwirren in jedem beliebigen Moment Millionen von Kundenurteilen im Cyberspace umher. Zu beobachten, was online über Sie gesagt wird, und gegebenenfalls richtig darauf zu reagieren ist in der heutigen Geschäftsumgebung ein nicht zu unterschätzender Faktor.

## Eingreifen oder nicht – das ist hier die Frage

Sobald Sie festgestellt haben, was in welchem Forum über Sie und Ihr Unternehmen gesagt wird, stehen Sie vor einer kniffligen Frage: Sollen Sie reagieren oder besser nicht? Negatives Feedback fordert individuelles Handeln von Ihrer Seite. Im Folgenden haben wir einige Empfehlungen für Sie zusammengestellt, wann Sie auf Kundenkommentare oder Beurteilungen antworten sollten:

- *Wenn Sie offensichtlich einen Fehler gemacht haben.* Manchmal liegt die Schuld eindeutig bei Ihrem Unternehmen. Dann müssen Sie sich für die Panne entschuldigen, anbieten, das Problem zu beheben, und in ganz schlimmen Fällen eine Entschädigung für die entstandenen Unannehmlichkeiten offerieren. Und natürlich versprechen, es beim nächsten Mal besser zu machen.
- *Wenn eine negative Beurteilung die Runde macht.* Es wäre so schön, wenn man negative Reaktion oder Meinungen einfach aussitzen könnte, vor allem wenn man sie als unangemessen und ungerechtfertigt empfindet. Vorsicht: Was Ihnen als winziger Vorfall vorkommt, der irgendwo in den Tiefen des Internets versteckt und eigentlich nicht der Rede wert ist, kann sich plötzlich riesengroß aufblähen und um sich greifen. Wenn Sie feststellen, dass negative Beurteilungen über Ihr Unternehmen die Runde machen, holen Sie tief Luft, klären, was an den Vorwürfen dran ist, und betreiben Schadensbegrenzung.
- *Wenn Ihr Produkt- oder Dienstleistungsangebot falsch interpretiert wird.* Manchmal irrt auch ein Kunde! Wenn jemand Ihre Gewährleistungsfrist oder Ihre Preise falsch wiedergibt oder den Buffalo-Burger verreißt, den er angeblich bei Ihnen bestellt hat, obwohl nichts dergleichen auf der Speisekarte Ihres Restaurants steht – dann sollten Sie behutsam einschreiten und die Fakten klären.
- *Wenn die Beurteilungen positiv sind.* Man könnte meinen, dass es in diesem Fall nicht nötig ist, zu reagieren, aber das stimmt nicht. Sie können sich bedanken und dem Kunden sagen, wie sehr Sie es zu schätzen wissen, dass er sich die Zeit genommen und einen Kommentar hinterlassen hat. Dies wird in aller Regel die Bindung dieses Kunden an Ihr Unternehmen noch verstärken.

Als umwerfender Servicemitarbeiter sollten Sie wissen, ob es in Ihren Zuständigkeitsbereich fällt, ob und wie Sie reagieren. Und Sie müssen dabei natürlich die Grenzen kennen.

# Alle Augen sind auf Sie gerichtet

Jeden Tag haben Sie es mit zahllosen Kunden zu tun. Obwohl diese einzelnen Interaktionen nicht ausschlaggebend für das Schicksal Ihres Unternehmens sind, bestimmen sie in ihrer Gesamtheit doch, ob Ihr Unternehmen als eines wahrgenommen wird, das Kunden wertschätzt oder als notwendiges Übel begreift. Jeder Kundenkontakt, egal wie banal oder kritisch, ist ein Moment der Wahrheit und sollte deshalb gleichermaßen überlegt und sorgfältig angegangen werden. Wie Sie auf Kundenanfragen, Probleme, Produktbeurteilungen, Verrisse oder Lob reagieren, ist der ultimative Qualitätstest für Ihren Service. Denn für den Kunden verkörpern Sie ja das Unternehmen!

Gelassen, professionell und serviceorientiert auf Kunden zu reagieren ist eine Kunst, die im öffentlichen Raum noch entscheidender ist als anderswo. Wir müssen lernen, wie wir in den verschiedensten Szenarien angemessen reagieren. Ob schriftlich, am Telefon oder im persönlichen Gespräch – wir brauchen dazu eine gehörige Portion Einfühlungsvermögen, müssen zuhören, die richtigen Fragen stellen und Probleme lösen können.

# Auf negatives Feedback reagieren

Unabhängig von der Form des Feedbacks – persönlich, übers Telefon, per E-Mail, auf Twitter oder über eine Website – gibt es einige wichtige Punkte, die Sie beachten sollten:

- *Menschen wollen mit anderen Menschen in Kontakt treten.* Verschanzen Sie sich nicht hinter steifen Förmlichkeiten, sondern reden Sie ganz normal, so, wie Sie es sonst auch tun. In einer solchen Situation sollten Sie unter allen Umständen Wortungetüme, Wirtschaftsjargon, von Juristen abgesegnete Floskeln oder branchentypische Akronyme vermeiden. Setzen Sie auf Zwischenmenschlichkeit, zeigen Sie Ihrem Kunden, dass Sie ihn wertschätzen und er Ihnen wichtig ist. Dann wird er Ihnen gerne seine Version der Geschichte erzählen – und der Weg für einen echten Austausch ist frei.
- *Reagieren Sie prompt.* Eine schnelle Reaktion sendet Ihren Kunden das Signal, dass sie Ihnen am Herzen liegen und Ihrem Unternehmen Feed-

back wichtig ist. Und dass Sie alles tun werden, um einen Fehler wieder-gutzumachen und es beim nächsten Mal gleich besser zu machen.

- *Verzichten Sie auf lahme Ausreden und stellen Sie sich niemals als Opfer der Umstände dar.* Seien Sie offen und ehrlich. Wenn Sie wissen, dass Sie zu dem Problem beigetragen haben oder ein Teil Ihres Unternehmens offensichtlich verbesserungsbedürftig ist, entschuldigen Sie sich aufrichtig, arbeiten Sie daran, das Problem zu beheben, und erklären Sie, was Sie tun werden, um sicherzustellen, dass so etwas nie wieder vorkommt.
- *Lassen Sie sich zu nichts hinreißen.* In dem Moment, in dem Sie anfangen, sich aufzuregen oder beleidigend zu werden, haben Sie den Kampf verloren. Wann immer möglich, sollten Sie mindestens 30 Minuten warten, bevor Sie auf eine Kritik antworten. Bleiben Sie ruhig, konzentrieren Sie sich auf den Kunden und denken Sie immer daran: zuhören, zuhören, zuhören. In dem, was der Kunde sagt, steckt sehr wahrscheinlich ein wahrer Kern.

## Offline gehen

Eric Groves, Senior Vice President Global Market Development bei Constant Contact, veröffentlichte im August 2010 einen interessanten Blog-Beitrag über die Vor- und Nachteile von öffentlichen und privaten Kundenreaktionen. Sein Beitrag, der viele Kommentare auslöste, lautete:

»Jedes Unternehmen liebt Marketing über die sozialen Medien wie Facebook und Twitter, solange die Kunden sich begeistert über es äußern, aber was passiert, wenn die Kritik im sozialen Netz plötzlich schlecht ausfällt? Wie gehen Sie mit einem öffentlichen Makel um, ohne eine Schlammschlacht zu provozieren? Der Nachteil eines solchen Marketings besteht darin, dass wir keinen Einfluss darauf haben, was die Menschen da draußen über uns sagen, aber wir können dieses machtvolle Medium nutzen, um die Dinge wieder ins Lot zu bringen.«

Eric Groves hält es für die beste Strategie, den öffentlichen Kritiker privat – oder offline – zu kontaktieren. Sobald Sie den Kunden persönlich ansprechen, ist es einfacher, den umwerfenden Service zu liefern, den Sie meisterhaft beherrschen – Sie entschuldigen sich, zeigen Verständnis für seinen Unmut, hören ihm zu, lernen daraus, besänftigen ihn, lösen das Problem, und das Ganze möglichst rasch!

Wichtig ist aber auch, dass Kunden einsehen, das Unternehmen nicht perfekt sind. In einem Kommentar auf diesen Blog-Artikel (von Doogie) heißt es:

»Wie Sie in der Öffentlichkeit reagieren, sagt viel über Ihre Marke aus, und das kriegen dann auch noch alle mit. Das kann aber auch eine Chance für Sie sein. Wenn ich mitbekomme, dass Sie auf Beschwerden und negative Kritik mit Charme, Witz und dem ehrlichen Wunsch nach einer Lösung des Problems beantworten, dann erhalte ich als Betrachter ein positives Bild von Ihrem Unternehmen.

Sie haben mich dann nämlich wissen lassen, dass ich ein zufriedener Kunde sein werde, wenn ich Geschäfte mit Ihnen mache.

Außerdem habe ich so die Chance, ein treuer Fan Ihres Unternehmens zu werden, da ich ja weiß, dass Sie alles für Ihre Kunden tun.

Wenn jemand ein Problem, das er mit Ihnen hat, in die Öffentlichkeit trägt, sollten Sie darauf immer öffentlich antworten – selbst wenn Sie der Person lediglich mitteilen, dass Sie sie privat kontaktieren werden.

Mein Rat lautet: Keine Angst vor negativer Kritik oder Reklamationen in der Öffentlichkeit. Begreifen Sie das als gute Gelegenheit an, diesen Kunden doch noch zufriedenzustellen und unbeteiligte Zuschauer mit der Qualität Ihres Kundenservice zu beeindrucken.«

Wie Sie sehen, ist die Entscheidung zwischen öffentlicher oder privater Reaktion ein Balanceakt. Die Entscheidung, offline zu gehen, kann auch von der absehbaren Länge der Diskussion abhängen. Wenn Sie das Problem schnell lösen können, tun Sie es öffentlich. Wenn der Zwist langwierig und unappetitlich werden könnte, gehen Sie offline. Wie gut Sie auf Anfragen, Beurteilungen, Probleme und Empfehlungen reagieren – und ob Sie gleich aufs erste Mal richtig reagieren – macht den Unterschied zwischen den wahren Meistern ihres Fachs und denjenigen, die nur so tun als ob.

*»Umfassende Servicequalität ist nicht auf Lager vorrätig, muss aber auf Anfrage 100-prozentig erhältlich sein.«*

*Anonym*

# 26. Ein aufrichtiges Dankeschön ist viel wert

> »Danke schön … Danke schön, Danke schön …
> und Danke schön!«
>
> *Fozzie Bear*

Erinnern Sie sich noch daran, als Sie zehn waren und sich zum Geburtstag nichts wünschten außer einer bestimmten elektrischen Eisenbahn oder einer Barbiepuppe? Und dass Sie stattdessen Unterwäsche von Ihrer Großmutter bekamen? Und wie Ihre Eltern dastanden, den Blick auf Sie richteten, Ihnen einen kleinen Schubs gaben und mahnten: »Na, wie sagt man?« – »Danke schön, Oma«, sagten Sie brav. Und Ihre Großmutter strahlte und tätschelte Ihnen die Wange.

Ein Dankeschön ist heute noch genauso wichtig wie damals, als Ihre Eltern sich abmühten, Ihnen dies beizubringen. Bei Ihrer Arbeit müssen Sie Ihren Kunden jeden Tag Danke sagen. Sie müssen das Geschenk des Geschäfts, das die Kunden Ihnen machen, aufrichtig würdigen – selbst wenn es vielleicht nicht so aufregend ist wie eine elektrische Eisenbahn oder eine Barbiepuppe.

## Neun Gelegenheiten, wann Sie dem Kunden Danke sagen sollten

1. *Wenn der Kunde Geschäfte mit Ihnen tätigt … jedes Mal.* Vergessen Sie nie: Jedes Mal, wenn der Kunde eine Dienstleistung oder ein Produkt

braucht, hat er die Wahl unter vielen Anbietern. Wie leicht passiert es, dass man Stammkunden und Laufkundschaft als selbstverständlich erachtet. Noch leichter ist es, einmaligen Internet-Kunden nicht zu danken – aus der Website, aus dem Sinn. Tun Sie das nicht! Danken Sie ihnen, dass sie Ihr Unternehmen ausgesucht haben.

2. *Wenn der Kunde Ihnen (oder Ihrer Firma) ein Lob ausspricht.* Komplimente sind uns manchmal peinlich. Aber das aufrichtige Lob eines Kunden mit einem Achselzucken abzutun bedeutet so viel wie: »Du Dummkopf, so gut bin ich nun auch wieder nicht.« Sie sollten das Kompliment stattdessen freundlich annehmen, »Danke schön« sagen und hinzufügen: »Ich freue mich sehr, dass Sie mich/uns beehrt haben!«

3. *Wenn der Kunde Anmerkungen oder Vorschläge hat.* Wenn Sie einem Kunden für ein Feedback danken, bringen Sie zum Ausdruck, dass Sie verstanden haben, was er kritisiert oder vorschlägt, und dass Sie seine Meinung zu schätzen wissen. »Danke, dass Sie sich die Zeit genommen haben, mir das mitzuteilen! Es ist uns wirklich eine Hilfe, wenn wir wissen, wo wir etwas besser machen können!« Diese einfache Antwort, zusammen mit einem Blickkontakt und einem Lächeln, kann Wunder bewirken.

4. *Wenn der Kunde ein neues Produkt oder einen neuen Service ausprobiert.* Es kann unbequem sein, etwas Neues auszuprobieren, und riskant. Das Altbewährte ist immer gut – und alt und bewährt. Danken Sie Ihren Kunden, wenn sie es wagen, etwas anderes auszuprobieren.

5. *Wenn der Kunde Sie weiterempfiehlt.* Wenn ein Kunde Sie weiterempfiehlt, dann steht auch sein eigenes Image auf dem Spiel. Wenn Ihr Service gut war, steht auch er gut da. Wenn nicht, dann … Ein schriftliches Dankeschön oder eine kleine Aufmerksamkeit beim nächsten Treffen zeigt ihm, dass Sie sich über seine Empfehlung gefreut haben.

6. *Wenn der Kunde Geduld hat … und wenn er keine hat.* Egal, ob ein Kunde sich beschwert oder nicht (einige tun es laut!): Niemand wartet gerne. Wenn Sie dem Kunden für seine Geduld danken, zeigt dies, dass Sie seinen Zeitaufwand wahrgenommen haben und honorieren. Dies ist auch eine gute Möglichkeit, wie man einen Kunden beruhigt, der schon lange wartet und ungeduldig wird.

7. *Wenn der Kunde Ihnen hilft, ihn besser zu bedienen.* Manche Kunden sind immer gut vorbereitet. Sie wissen ihre Kontonummer auswendig, haben stets die richtigen Unterlagen dabei und haben sich notiert, wann die letzte Wartung stattgefunden hat. Sie machen Ihnen das Leben ein beträchtliches Stück leichter. Bedanken Sie sich dafür.

8. *Wenn der Kunde sich bei Ihnen beschwert.* Sie sollen sich dafür bedanken, dass ein Kunde sich beschwert? Aber ja! Ein Kunde, der Ihnen mitteilt, dass er mit Ihrer Leistung nicht glücklich ist, gibt Ihnen eine zweite Chance. Und das ist tatsächlich ein Geschenk. Denn nun haben Sie die Möglichkeit, seine Treue erneut zu gewinnen und ihm noch viele weitere Male zu danken.

9. *Wenn der Kunde Sie zum Lächeln bringt.* Ein Lächeln ist eines der schönsten Geschenke, die Sie bekommen können. Ein Dankeschön macht es noch schöner.

## Drei Arten, Danke zu sagen

1. *Mündlich:* Sagen Sie Danke nach jedem Kundenkontakt. Und sagen Sie es mit Gefühl. Wenn Sie wie ein Automat »Danke-dass-Sie-bei-uns-einge-kauft-haben« herunterrattern, macht das auf den Kunden wenig Eindruck. Lassen Sie Ihr Dankeschön herzlich, freundlich und persönlich klingen.

2. *Schriftlich:* Versenden Sie eine kleine Dank-E-Mail nach einem Kauf oder einem Besuch. Gestalten Sie sie persönlich. Kunden hassen Standardbriefe. Oder schreiben Sie mit der Hand ein Dankeschön unten auf Ihre Rechnungen. Oder tun Sie etwas Außergewöhnliches, bedanken Sie sich mit Tinte auf Papier und verschicken Sie Ihr persönliches Dankes-schreiben mit der guten alten Post. Ihre Kunden werden völlig aus dem Häuschen sein und den Unterschied zur elektronischen Post bestimmt zu würdigen wissen. Am besten, Sie entscheiden sich für beides! Kunden schätzen das unmittelbare Dankeschön per E-Mail – aber der hand-schriftliche Dankbrief ist das Tüpfelchen auf dem i!

3. *Mit einem Geschenk:* Überreichen Sie Ihrem Kunden ein kleines Ge-schenk, einen Notizblock oder einen Kugelschreiber mit Ihrer Firmen-

aufschrift. Diese kleine Geste erinnert ihn an Ihr Unternehmen. Für manche Kunden ist auch ein witziges Bild, das Sie per E-Mail verschicken, das richtige Dankeschön – aber wählen Sie es sorgfältig aus, schließlich sind die Geschmäcker unterschiedlich. (Und aufgepasst: Manche Firewalls in Unternehmen löschen Ihr Dankeschön, bevor der Empfänger auch nur einen Blick darauf werfen konnte.)

**Tipp:** Achten Sie darauf, dass der Wert Ihres Geschenks in vernünftigem Verhältnis zum getätigten Geschäft steht. Manche Kunden vermuten bei einem zu teuren Geschenk, dass Sie sie ködern wollen, anstatt es als kleine Dankesgabe aufzufassen. Und bei Staatsbediensteten gelten selbst kleine Aufmerksamkeiten im Allgemeinen als unangemessen.

## Fünf häufig vergessene Gelegenheiten für ein Dankeschön

1. *Danken Sie Ihren Kolleginnen und Kollegen.* Loben Sie die Menschen, die Ihnen helfen. Bedanken Sie sich bei den Kolleginnen und Kollegen, die immer bereit sind, eine Frage zu beantworten, einen eiligen Auftrag zu bearbeiten oder im Notfall einzuspringen. Lassen Sie sie – und ihre Vorgesetzten! – wissen, wie sehr Sie sie schätzen.

2. *Danken Sie Ihren Vorgesetzten.* Wenn Ihre Vorgesetzten Sie bei Ihrer Arbeit gut unterstützen, so sollten Sie ihnen ein positives Feedback geben. Dadurch stellen Sie sicher, dass Ihre Vorgesetzten Ihnen auch weiterhin die benötigte Unterstützung geben.

3. *Danken Sie Mitarbeitern anderer Abteilungen.* Auch wenn Sie der Einzige sind, der Kundenkontakt hat: Erst die Anstrengungen dieser Mitarbeiter machen Ihren Kundenservice möglich. Danken Sie ihnen persönlich oder als Gruppe.

4. *Danken Sie Ihren Vertretern und Lieferanten.* Ohne deren Professionalität könnten Ihre Kunden nicht den hervorragenden Service erhalten, den Sie leisten.

5. *Danken Sie sich selbst!* Sie leisten harte Arbeit und verdienen ein Schulterklopfen. Loben Sie sich für einen besonders guten Einsatz. Gönnen Sie sich ab und zu eine Extrabelohnung, als ganz besonderes Bonbon.

**Tipp:** Das effektivste Dankeschön ist immer unverzüglich, treffend, aufrichtig und speziell.

»*Dankbarkeit ist nicht nur die edelste Tugend, sie ist auch die Mutter aller anderen Tugenden.*«

*Cicero*

# PROBLEMLÖSUNGEN MIT UMWERFENDEM SERVICE

Die Dinge funktionieren nicht immer so, wie sie sollen. Das ist nach dem Gesetz der Serie einfach so. Mal macht der Kunde einen Fehler, mal sind Sie es, auch wenn Sie sich noch so sehr bemüht haben. Und manchmal haben Sie vielleicht einen besonders schwierigen Fall vor sich – einen Kunden, der nie zufrieden ist und der Ihr Können und Ihre Geduld auf eine harte Probe stellt.

Wenn etwas schiefläuft, dann sollten Sie Ihre Trumpfkarte ziehen: Ihre Fähigkeit zu Problemlösungen mit umwerfendem Service. Die Fähigkeit zur Problemlösung – also eine Situation zu retten, auch wenn sie noch so düster aussieht – ist ein Schlüsselelement von hervorragendem Service. Sie erleichtert Ihnen die Arbeit und sorgt dafür, dass das Geschäft glatter läuft. Und sie ist ein ausgezeichnetes Mittel, um eine angeschlagene Beziehung zu retten und den Kunden noch fester an sich zu binden.

# 27. Bringen Sie die Dinge wieder in Ordnung

>»Der Kunde erwartet nicht, dass Sie perfekt sind. Aber er erwartet, dass Sie einen Fehler wieder in Ordnung bringen.«
>
> *Donald Porter*
> *British Airways*

Sie gehen in ein Kaufhaus, um sich einen Camcorder zu kaufen. Dort stellen Sie fest, dass das Modell aus der Werbung ausverkauft ist. Sie sind enttäuscht – ja, sogar wütend. »Warum haben die Werbung dafür gemacht, wenn sie es nicht da haben?«, fragen Sie sich. Ihr Gesicht scheint Bände zu sprechen, denn ein Verkäufer kommt auf Sie zu.

**Verkäufer:** Kann ich Ihnen weiterhelfen?

**Sie (grantig):** Das glaube ich kaum! Ich wollte diesen Easy-Use-Camcorder, aber Sie haben die Sachen, für die Sie Werbung machen, ja nie da!

**Verkäufer:** Das tut mir leid. Als die Anzeige erschien, hatten wir bereits mehr von diesem Modell verkauft, als wir dachten, daher hatten wir heute Morgen nur noch wenige da. Aber wir kriegen den Easy-Use wieder rein. In etwa vier Wochen ist er wieder da, und dann können Sie ihn zum selben Preis haben.

**Sie:** Großartig! Das ist genau zwei Wochen nach der Hochzeit meiner Tochter. Reizend, wirklich reizend!

**Verkäufer:** Ich kann Ihre Enttäuschung gut verstehen. Es ist ärgerlich, wenn man etwas kaufen will und dann erfährt, dass es nicht mehr da ist. Aber ich denke, ich weiß da eine Lösung. Ich kann Ihnen ein vergleichbares Modell eines anderen Herstellers anbieten – zum selben

Preis! So können Sie Ihren Camcorder noch heute mit nach Hause nehmen.

## Die Kunst der Wiedergutmachung

Wiedergutmachung bedeutet, die Dinge wieder in ihren Normalzustand zu versetzen, sie geradezurücken, sie wiederherzustellen. Dies tat der Verkäufer in unserem Beispiel für seinen verärgerten Kunden. Im Service beginnt eine gelungene Wiedergutmachung immer damit, dass Sie erkennen – und zwar je eher, desto besser –, dass Ihr Kunde ein Problem hat.

Zeigen Sie Ihre Fähigkeit zur Problemlösung. Als Profi im umwerfend guten Service müssen Sie wohldurchdachte und konstruktive Aktionen einleiten, um einen enttäuschten Kunden wieder mit Ihrem Unternehmen auszusöhnen. Es erfordert viel Sensibilität in Bezug auf seine Bedürfnisse, Wünsche und Erwartungen, um seine verletzten Gefühle wieder zu heilen.

Untersuchungen zufolge lautet die Faustregel: Unternehmen, die sich auf Kundenbindungsmaßnahmen wie Wiedergutmachung konzentrieren und ihre Kundenbindungsaktivitäten um fünf Prozent erhöhen, können ihre Gewinne um bis zu 75 Prozent steigern.

**Tipp:** Ein Problem existiert immer dann, wenn ein Kunde zum Ausdruck bringt, dass er ein Problem hat – also wenn er verärgert, sauer, wütend oder enttäuscht ist. Was als Problem empfunden wird, hängt vom jeweiligen Kunden ab. Was den einen enttäuscht, interessiert den anderen vielleicht gar nicht. Wie dem auch sei, Sie können ein Problem nicht einfach ignorieren oder wegzaubern, nur weil ein vernünftiger Mensch sich nicht darüber aufregen würde, weil Sie nichts dafür können oder weil es nicht die Schuld Ihres Unternehmens ist. Sie können ein Problem selbst dann nicht ignorieren, wenn der Kunde es selbst verursacht hat. Wenn der Kunde es für ein Problem hält, dann ist es eines.

## Wege zur Wiedergutmachung

Wenn das Problem des Kunden feststeht, sollten Sie mit der Lösung beginnen. Die sechs nachfolgend beschriebenen Schritte zur Wiedergutmachung sind nicht bei jedem Kunden zwingend. Nutzen Sie das, was Sie über das Problem herausgefunden haben, in Kombination mit Ihrem Wissen über die Produkte und Dienstleistungen Ihres Unternehmens, um Ihre Handlungen an die jeweilige Situation und den jeweiligen Kunden anzupassen.

1. *Entschuldigen Sie sich.* Es spielt keine Rolle, wer den Fehler verursacht hat. Der Kunde braucht jemanden, der bestätigt, dass ein Problem eingetreten ist, und der für seine Enttäuschung Verständnis zeigt. Die Aussage »Ich entschuldige mich für die Unannehmlichkeiten« kostet Sie nichts, stimmt Ihren Kunden jedoch versöhnlicher. So auf Ihren Kunden einzugehen bedeutet noch nicht, dass Sie die Schuld auf sich nehmen.
2. *Hören Sie zu und zeigen Sie Einfühlungsvermögen.* Behandeln Sie Ihre Kunden so, dass sie spüren, Sie kümmern sich um ihr Problem, aber auch um sie selbst. Jeder Mensch hat Gefühle. Die Kunden legen auch bei geschäftlichen Transaktionen Wert auf eine persönliche Ebene.
3. *Regeln Sie das Problem schnell und fair.* Eine faire Lösung ist eine professionelle Regelung. Letztendlich will der Kunde in erster Linie das, was er ursprünglich erwartete. Und je eher, desto besser.

4. *Bieten Sie ihm Versöhnung an.* Ein Servicefehler kann dem Kunden durchaus größere Unannehmlichkeiten bereiten – ganz abgesehen von seinen verletzten Gefühlen. Er erwartet dann vielleicht eine kleine Geste in Form einer zusätzlichen Leistung, die auf angemessene Weise besagt: »Ich möchte es gerne wiedergutmachen.«

**Hinweis:** Eine Versöhnung ist nicht bei jedem Fehler im Service oder am Produkt nötig. Entscheidend ist sie jedoch dann, wenn sich der Kunde durch den Ausfall einer Dienstleistung verletzt fühlt, als Opfer sieht, starke Unannehmlichkeiten in Kauf nehmen musste oder anderweitig durch das Problem beeinträchtigt wurde.

5. *Halten Sie Ihre Versprechen.* Wiedergutmachung ist erforderlich, wenn ein Kunde glaubt, das Serviceversprechen sei nicht eingehalten worden. Ein Produkt ist nicht angekommen. Ein versprochener Rückruf ist nicht erfolgt. In dieser Situation müssen Sie häufig neue Zusagen machen. Seien Sie dann realistisch in Bezug auf das, was Sie wirklich leisten können.

6. *Fassen Sie nach.* Sie können über die eigentliche Wiedergutmachung hinaus noch etwas Erfreuliches für den Kunden tun: Wenden Sie sich einige Stunden, Tage oder Wochen später an ihn, um ihn zu fragen, ob die Dinge tatsächlich zu seiner Zufriedenheit geregelt sind. Nachzufassen braucht wenig Zeit, hat aber großen Einfluss auf die Kundenloyalität – und kann Sie von der Konkurrenz abheben. Gehen Sie nicht einfach davon aus, dass das Problem behoben und der Kunde zu seinem Recht gekommen ist. Prüfen Sie es nach, um absolut sicher zu sein.

**Tipp:** Packen Sie Problemlösungen sofort an. Die Dringlichkeit, die Sie an den Tag legen, signalisiert dem Kunden, dass Sie (und Ihre Firma) eine Wiedergutmachung genauso wichtig nehmen wie einen Verkauf Ihres Produkts.

# Warum gibt es Schwierigkeiten?

Warum müssen wir überhaupt darüber reden, was zu tun ist, wenn etwas schiefläuft? Warum können wir unsere Energie nicht darauf verwenden, eine Sache auf Anhieb richtig zu machen?

Die Antwort ist einfach: Selbst die beste Planung kann die Unberechenbarkeit der menschlichen Natur nicht überwinden. Es wird immer Probleme geben, wie perfekt Sie Ihren Service auch gestalten. Tatsache ist, dass etwa ein Drittel der Probleme durch den Kunden selbst verursacht sind. Service, selbst umwerfend guter Service, hat mit Menschen zu tun, und die sind nun einmal nicht hundertprozentig perfekt. Das gilt für Ihre Kunden, und das gilt für Sie. Jeder macht einmal einen Fehler. Das wissen wir alle. Selbst wenn Sie Ihre Arbeit sorgfältig erledigen und anscheinend die Bedürfnisse Ihrer Kunden erfüllen, kann es Probleme geben, wenn Erwartungen enttäuscht werden.

Letztlich ist es egal, was geschah und warum es geschah. Die bessere Problemlösung ist immer, das Missgeschick gleich und effektiv zu beheben, als es zu ignorieren und darauf zu hoffen, dass die Sache sich von selbst regelt, oder sich durchzuwursteln in der Hoffnung, dass es schon gut gehen werde.

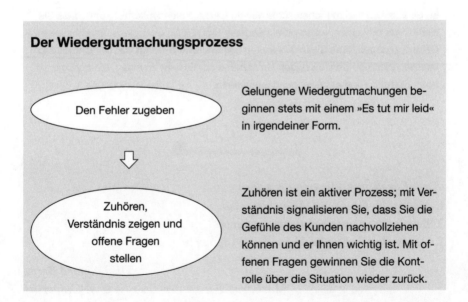

**Der Wiedergutmachungsprozess**

Den Fehler zugeben

Gelungene Wiedergutmachungen beginnen stets mit einem »Es tut mir leid« in irgendeiner Form.

Zuhören, Verständnis zeigen und offene Fragen stellen

Zuhören ist ein aktiver Prozess; mit Verständnis signalisieren Sie, dass Sie die Gefühle des Kunden nachvollziehen können und er Ihnen wichtig ist. Mit offenen Fragen gewinnen Sie die Kontrolle über die Situation wieder zurück.

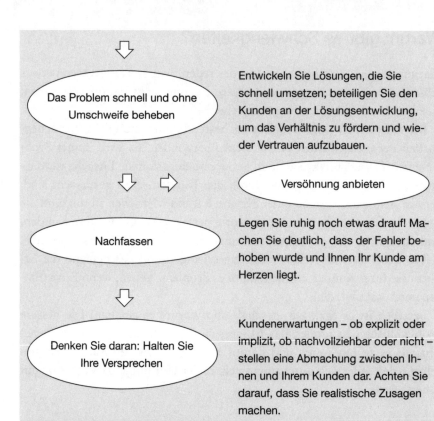

Das Problem schnell und ohne Umschweife beheben

Entwickeln Sie Lösungen, die Sie schnell umsetzen; beteiligen Sie den Kunden an der Lösungsentwicklung, um das Verhältnis zu fördern und wieder Vertrauen aufzubauen.

Versöhnung anbieten

Nachfassen

Legen Sie ruhig noch etwas drauf! Machen Sie deutlich, dass der Fehler behoben wurde und Ihnen Ihr Kunde am Herzen liegt.

Denken Sie daran: Halten Sie Ihre Versprechen

Kundenerwartungen – ob explizit oder implizit, ob nachvollziehbar oder nicht – stellen eine Abmachung zwischen Ihnen und Ihrem Kunden dar. Achten Sie darauf, dass Sie realistische Zusagen machen.

Im Service kann so manches schiefgehen. Deshalb ist es mitunter nötig, dass Sie alle Punkte umsetzen, während ein anderes Mal nur ein paar dieser versöhnlichen Gesten genügen. Was Sie im konkreten Fall tun sollten, hängt von der Gemütslage Ihres Kunden und den jeweiligen Umständen ab. Es liegt an Ihnen, die richtige Wahl zu treffen und entsprechend zu handeln.

*»Drei Regeln zur Wiedergutmachung:*
*1. Mache die Dinge auf Anhieb richtig!*
*2. Behebe Probleme, wenn sie auftreten!*
*3. Denke daran: Es gibt keine dritte Chance!«*

*Dr. Leonard Berry,*
*Marktforscher an der Texas A & M University*

# 28. Die Grundsätze der Wiedergutmachung nach Servicefehlern

>»Kunden, die ein Problem haben, müssen erst eine Art Heilungsprozess durchlaufen, bevor es weitergehen kann. Unser Ziel lautet, den Kunde dazu zu bewegen, dass er anschließend etwas sagt wie: »Ich bin wirklich nicht glücklich darüber, was passiert ist, aber ich kann Ihnen gar nicht genug dafür danken, wie Sie mich bei der Lösung des Problems unterstützt haben.«
>
> *Leo Colborne, Vice President,*
> *Global Tech Support EMC Corporation*

Kunden haben ebenso bestimmte Vorstellungen, wie ein Fehler im Service wiedergutzumachen ist, wie an den ganz alltäglichen Service. Manche davon dürften Ihnen kein Kopfzerbrechen bereiten: Ihr Kunde will, dass Sie das Problem lösen – und zwar schnell – und Verständnis für seine missliche Lage zeigen. Andere Erwartungshaltungen sind da weniger offensichtlich und subtiler.

Der in Kapitel 27 beschriebene sechsstufige Prozess basiert auf fünf Grundsätzen – fünf grundlegenden Ideen zur Wiedergutmachung, die auf den Erkenntnissen führender Serviceexperten und unseren eigenen Untersuchungen zu diesem Thema beruhen.

# 1. Grundsatz: Kunden haben bestimmte Erwartungen an eine Wiedergutmachung

Eine Studie, die Linda Cooper von Cooper and Associates, Evanston, Illinois, im Bankwesen durchgeführt hat, kam zu zehn Erwartungen von Kunden an eine Wiedergutmachung. Diese zehn gelten auch für zahlreiche andere Branchen.

**Die zehn wichtigsten Erwartungen von Bankkunden an den Kundenservice**

1. Der Rückruf erfolgt zum zugesicherten Zeitpunkt.
2. Der Sachbearbeiter erklärt, wie das Problem passiert ist.
3. Der Kunde weiß, wer im Problemfall zu kontaktieren ist.
4. Der Kunde wird zügig darüber informiert, dass das Problem gelöst wurde.
5. Der Kunde kann sich jederzeit an einen Entscheidungsträger wenden.
6. Der Kunde wird informiert, wie lange es dauert, bis das Problem gelöst ist.
7. Dem Kunden werden sinnvolle Alternativen angeboten, wenn sich das Problem nicht lösen lässt.
8. Der Kunde wird wie ein Mensch behandelt, nicht wie eine (Konto-)Nummer.
9. Der Kunde erfährt, was getan wird, um das Problem in Zukunft zu vermeiden.
10. Der Kunde wird auf dem Laufenden gehalten, wenn ein Problem nicht sofort gelöst werden kann.

## 2. Grundsatz: Die psychologische Seite einer gelungenen Wiedergutmachung: Beruhigen Sie zunächst Ihren Kunden und beheben Sie dann das Problem

Wie wir bereits erläutert haben, erwarten Kunden, die ein Problem mit einem Ihrer Produkte oder einer Ihrer Dienstleistungen haben, dass Sie sich darum kümmern. Genauso wichtig ist jedoch der psychologische Aspekt einer Wiedergutmachung, wobei der Kunde meist Schwierigkeiten hat, in Worte zu fassen, was er von Ihnen erwartet. Oft hat ein Kunde, der von Ihrem Unternehmen enttäuscht wurde, das Vertrauen in Ihre Zuverlässigkeit verloren – und glaubt nicht mehr daran, dass Sie Ihre Versprechen auch halten. Der Mechaniker, der direkt auf das defekte Kopiergerät oder den Laserdrucker zusteuert, das Gerät schnell und professionell repariert und dann zum nächsten Kunden weitereilt, liefert zwar einwandfreien technischen Service, aber eine gelungene Wiedergutmachung ist etwas ganz anderes. Auch der Mitarbeiter, der dringend Kopien oder einen Ausdruck gebraucht hätte und das Problem gemeldet hat, muss besänftigt werden. Das Mindeste, was Sie tun können, ist, ihm die Gelegenheit zu geben, seinem aufgestauten Ärger Luft zu machen. Das gehört auf jeden Fall zu Ihrem Job.

Bevor Sie sich an die Arbeit machen und das Problem lösen, lassen Sie den Kunden genau beschreiben, was eigentlich kaputt ist und wie es passiert ist. Dann versichern Sie ihm, dass Sie alles in Ordnung bringen werden. Dabei kommt es vor allem darauf an, dass Sie sich als guter Zuhörer erweisen. Lassen Sie den Kunden seine Geschichte erzählen, lassen Sie ihn Dampf ablassen und seine Sicht der Dinge darstellen. Dann noch eine ehrliche und ernst gemeinte Entschuldigung, und Ihr Kunde dürfte wieder zufrieden sein. Denken Sie immer daran, wie wichtig dieser psychologische Aspekt ist.

## 3. Grundsatz: Partnerschaftlich arbeiten

Unsere Forschungsergebnisse legen nahe, dass Kunden, die an der Behebung eines Problems beteiligt werden, anschließend viel zufriedener sind.

Natürlich hat dieser Ansatz auch Grenzen. Wenn Ihr Unternehmen offenkundig der Verursacher des Problems ist, erkundigen Sie sich bei Ihrem Kunden, was Sie seiner Meinung nach jetzt tun können, um die Panne wiedergutzumachen. Diese Vorgehensweise verleiht ihm das Gefühl, er könne aktiv mitwirken und etwas zur Problemlösung beitragen. Dieses Gefühl kann ihn vor allem dann beruhigen, wenn er glaubt, das Unternehmen habe ihn unfair oder ungerecht behandelt oder auf irgendeine Weise zum Opfer gemacht.

Auch wenn der Kunde das Problem offensichtlich selbst verursacht hat, spricht nichts dagegen, ihn zu bitten, etwas zur Problemlösung beizutragen – was wiederum die Wahrscheinlichkeit erhöht, dass er mit der Lösung zufrieden ist. In beiden Fällen wird die Lösung zu einer gemeinsamen, von beiden Seiten entwickelten. Auf diese Weise kann beim Kunden gar nicht erst das Gefühl aufkommen, Sie würden da etwas von oben herab verordnen.

Entscheidend, um dieses Wir-Gefühl entstehen zu lassen, ist die Art und Weise, wie Sie den Kunden bitten, sich an der Problemlösung zu beteiligen. Äußern Sie Ihr »Gut, und was soll ich jetzt Ihrer Meinung nach tun?« im falschen Tonfall, kann er das so auslegen, als ob Sie Ihre Verantwortung für die Wiedergutmachung auf den Kunden abwälzen möchten. Formulieren Sie die Frage besser so: »Wie können wir dieses Problem am besten lösen?«

Erinnern Sie sich noch an die alten Filme, in denen der Arzt den werdenden Vater wegschickte, um heißes Wasser zu holen, wenn die Geburt kurz bevorstand? Im Großen und Ganzen war diese Aufgabe nur dazu gedacht, zu verhindern, dass der werdende Vater im Weg stand, er sollte beschäftigt sein und sich einbezogen fühlen. Selbst wenn der Kunde, metaphorisch gesprochen, nur Wasser kochen kann, kann diese Aufgabe eine beruhigende Wirkung auf ihn haben.

Die Bankkundin, deren eingereichter Scheck versehentlich nicht ihrem Konto gutgeschrieben wurde, weshalb ein paar Daueraufträge und Lastschriften nicht ausgeführt wurden, fühlt sich vielleicht besser, wenn sie an der Behebung des Problems beteiligt wird. Wie könnte das aussehen? Bitten Sie sie doch, Ihnen eine Liste aller von diesem Bankirrtum betroffenen Leute auszuhändigen, damit Sie sich offiziell bei ihnen entschuldigen können. So erhält die Kundin das Gefühl, die Situation wieder etwas mehr unter Kontrolle zu haben.

# 4. Grundsatz: Kunden reagieren empfindlicher, wenn sie sich ungerecht behandelt fühlen, als wenn ein Fehler passiert ist, der offen zugegeben wird

Kunden, die sich ungerecht behandelt fühlen, reagieren sehr unmittelbar und emotional und sind nachtragend. In anderen Worten: Wenn der Kunde das Gefühl hat, dass er übers Ohr gehauen, ausgetrickst oder despektierlich behandelt wurde, gehen die Gefühle mit ihm durch. Schlimmer ist noch, dass dieser Zustand lange anhält!

Bei einem Kunden, der sich so behandelt fühlt, können Sie nur eines tun: Entschuldigen Sie sich ernsthaft und bieten Sie an, es wiedergutzumachen. Es könnte zwar durchaus sein, dass seine Emotionen auf ein Missverständnis zurückzuführen sind oder auf eine Äußerung Ihres Kollegen. Doch das ist in diesem Fall völlig egal. Denken Sie daran: Ein derart aufgewühlter Kunde ist sozusagen auf dem Sprung, und die Wahrscheinlichkeit ist hoch, dass er sich in Zukunft ein anderes Unternehmen, einen anderen Anbieter sucht – und jedem, der es hören will oder auch nicht, von der schlechten Erfahrung, die er mit Ihrem Unternehmen gemacht hat, erzählt.

Dr. Seiders ist überzeugt, dass Kommunikation (erklären, was falsch gelaufen ist) gepaart mit Wiedergutmachung (eine Form der Versöhnung) beim Kunden das Gefühl auslösen kann, es wäre alles wieder in Butter. Dabei ist es jedoch sehr wichtig, fügt sie hinzu, die Erklärung so zu formulieren, dass sie nicht so bei ihm ankommt, als hätte man lediglich einen Sündenbock gesucht oder das Ganze wäre ein harmloses Missverständnis gewesen. Der einfache, unmissverständliche Satz »Es tut mir leid, dass das passiert ist, und ich werde mich sofort daranmachen, das Problem zu lösen« ist eine Art Wunderwaffe der Wiedergutmachung.

## 5. Effektive Wiedergutmachung will geplant sein

Fluglinien und Hotels überbuchen ihre Kontingente, Bahnbetreiber und Fluggesellschaften sind für wetterbedingte Verspätungen und Streichungen von Verbindungen bekannt. Doch für den Fall der Fälle haben diese Unternehmen vorgesorgt. Wenn auch für Sie gilt, dass Ihre Kunden Opfer von Umständen werden können, gegen die Sie machtlos sind, sollten Sie auf jeden Fall einen Notfallplan in der Schublade haben. Aufgepasst: Nicht jeder Plan eignet sich für jeden Kunden. Außerdem sollten Sie sensibel und behutsam vorgehen. Kunden erinnern sich noch lange daran, dass sie kalt und mechanisch abgespeist wurden, selbst wenn sie die eigentliche Panne schon längst vergessen haben.

Es ist unerlässlich, dass Sie diesen Notfallplan kennen – sofern es einen gibt. Falls nicht, sollten Sie sich gemeinsam mit den anderen Mitarbeitern Ihres Teams – dazu gehört auch Ihr Vorgesetzter – unverzüglich daranmachen. Zudem ist es entscheidend, die Umsetzung des Plans regelmäßig zu üben. Kunden behalten vor allem zwei Aspekte gut konzipierter und ausgeführter Maßnahmen im Gedächtnis: die Qualität der ihnen vorgeschlagenen Lösungen und die Kompetenz der dafür zuständigen Mitarbeiter. Das Wohl des Kunden liegt in diesem Fall aber hauptsächlich an der Kompetenz dieses Angestellten. Welche Fähigkeiten sind für eine gelungene Wiedergutmachung erforderlich? Wir stellten in den letzten Jahren Teilnehmern an mehr als 90 Fokusgruppen folgende Frage: »Wie sieht eine gelungene Wiedergutmachung für Sie aus?« Die zehn am häufigsten genannten Antworten haben wir für Sie in folgender Tabelle zusammengestellt.

| Bemerkenswerte Handlungen, an die sich die Befragten gerne erinnerten | Anzahl der Befragten (in %), die diese Handlung nannten und von ihr beeindruckt waren |
|---|---|
| Servicemitarbeiter ist auf meinen Ärger eingegangen | 79,0 % |
| Servicemitarbeiter hat sich entschuldigt | 69,1 % |
| Servicemitarbeiter hat sich nicht gerechtfertigt, sondern zeigte Reue und war spürbar betroffen | 62, 9 % |
| Servicemitarbeiter fasste zu einem späteren Zeitpunkt noch einmal nach | 56,8 % |
| Servicemitarbeiter zeigte sich kompetent in der Problemlösung | 53,0 % |
| Servicemitarbeiter gab den Fehler des Unternehmens aus eigenem Antrieb zu und versuchte nicht, die Schuld jemand anderem in die Schuhe zu schieben | 44,4 % |
| Servicemitarbeiter handelte verantwortlich und war offensichtlich befugt, Entscheidungen zugunsten des Kunden zu treffen | 40,7 % |
| Servicemitarbeiter bewies gute zwischenmenschliche Fähigkeiten, hörte gut zu | 40,7 % |
| Servicemitarbeiter zeigte Verständnis für die Unannehmlichkeiten und den Ärger des Kunden | 38,3 % |
| Servicemitarbeiter glaubte dem Kunden und würdigte dessen Eindruck | 24,7 % |

Wir wissen, dass es bei der Wiedergutmachung sowohl darum geht, das Problem zu beheben, als auch den betroffenen Kunden zu beruhigen. Ein Blick auf die oben stehende Aufzählung, und Sie wissen, weshalb wir dieses Mantra gebetsmühlenartig wiederholen: Kümmern Sie sich zuerst um den Menschen und beheben Sie erst dann das Problem.

———————————●

*»Sie können nicht garantieren, keine Fehler zu machen. Sie können aber garantieren, sie wiedergutzumachen.«*

*Jeff Bezos,*
*Gründer und CEO, Amazon.com*

# 29. Eine wohlplatzierte Entschuldigung kann viel bewirken

> »Ein paar Worte des Bedauerns zeigen, dass Ihnen der andere wichtig ist und Sie seine angeschlagenen Gefühle verstehen.«
>
> *Robert Conklin,*
> *How to Get People to Do Things*

»Es tut mir leid« – das sind einfache Worte, und trotzdem hört man sie viel zu selten. Tatsächlich zeigen unsere Umfragen, dass sich Unternehmen, wenn ihr Kunde ein Problem mit einem Produkt oder einer Dienstleistung vorbringt, in weniger als der Hälfte aller Fälle entschuldigen. Das ist gerade mal halb so oft, wie der Kunde eine Entschuldigung verdient hätte! Dabei sollte jede Lösung eines Problems, ob groß oder klein, mit einer aufrichtigen Entschuldigung beginnen.

Warum fällt es uns so schwer, »Es tut mir leid« oder »Entschuldigen Sie« zu unseren Kunden zu sagen? Der Hauptgrund ist wahrscheinlich der, dass wir Angst vor diesen Worten haben. Wir denken, dass »Es tut mir leid« bedeuten könnte »Ich habe versagt«, »Ich bin nicht gut« oder »Ich bin nicht professionell«. Nichts von alledem ist wahr: Eine Entschuldigung ist einfach nur die Anerkennung der Tatsache, dass aus Sicht des Kunden etwas nicht in Ordnung ist.

## Rechtliche Risiken

Leider besteht heutzutage die Tendenz, eine Entschuldigung als Anerkennung von Rechtsansprüchen aufzufassen, in deren Folge ein Unternehmen oder ein Individuum für seinen Fehler haften muss. Das ist die Gleichsetzung von »Entschuldigung« mit »Ich bin schuld«. In den amerikanischen Nachrichten hört man ständig von Prozessen um gigantische Entschädigungssummen. Deshalb ist es verständlich, wenn sich ein Unternehmen über die möglichen finanziellen Konsequenzen einer Entschuldigung Sorgen macht, und dass Menschen nur noch ungern bereit sind, persönlich eine Schuld auf sich zu nehmen.

Sie sollten auf jeden Fall immer die rechtlichen und gesetzlichen Aspekte Ihrer Tätigkeit kennen und wissen, wofür Sie belangt werden könnten. Dies bedeutet jedoch nicht, dass Sie nie »Entschuldigen Sie bitte die Unannehmlichkeiten« sagen dürfen. Meistens ist sogar eine aufrichtige Entschuldigung – zur rechten Zeit und in einer professionellen Art und Weise vorgebracht – der beste Weg, um mögliche rechtliche Auseinandersetzungen zu vermeiden. Wenn Sie den Kunden Ihre Bereitschaft zeigen, dafür zu sorgen, dass sie bekommen, was sie erwarten, dann werden Sie Streitigkeiten vor Gericht kaum zu befürchten haben.

## Wenn der Kunde schuld ist

Genauso wenig wie eine Entschuldigung eine Anerkennung einer persönlichen Verantwortung bedeutet (»Es tut mir leid, dass wir Ihnen dies antaten«), so ist sie auch keine Gelegenheit, dem Kunden Vorwürfe zu machen (»Es tut mir leid, dass Sie zu dumm waren, die Gebrauchsanleitung zu lesen, bevor Sie das Gerät einschalteten und einen Kurzschluss verursachten«).

Wir wissen alle, dass Kunden nicht immer ihren gesunden Menschenverstand benutzen oder sich an die detaillierten Anweisungen halten, die wir ihnen geben. Manchmal machen sie eben etwas falsch, aus welchem Grund auch immer – mit möglicherweise schwerwiegenden Folgen. Dann verlangen die Kunden von uns, dass wir den Schaden beheben. Und weil niemand gerne zugibt, dass er einen Fehler gemacht hat, geben sie uns häufig auch noch die Schuld.

**Tipp:** Eine ehrliche Entschuldigung ist eine persönliche und professionelle Anerkennung der Tatsache, dass der Kunde enttäuscht ist oder Unannehmlichkeiten hat. Wenn Sie das Gefühl haben, dass Sie mit »Es tut mir leid« die Schuld auf sich nehmen, dann können Sie stattdessen auch sagen: »Vielen Dank, dass Sie mich darauf aufmerksam machen.«

Als ein Kunde der Firma Buckner Inc., einem Unternehmen aus Fresno, Kalifornien, das Bewässerungsprodukte verkauft, einige Berieselungsköpfe aus Kupfer zur Reparatur einsandte, kam das den Mitarbeitern des Unternehmens zunächst ganz normal vor. Bis sie feststellten, dass diese Köpfe bereits eine Antiquität darstellten – sie gehörten nämlich zu einer Baureihe, die – man höre und staune – 1948 zum Produktsortiment gehörte.

Buckner fertigt Berieselungsanlagen für den Garten schon lange nicht mehr mit Lederdichtungen und hatte die für die Reparatur benötigten Teile nicht auf Lager. Doch der Kunde hatte sich mit der Zeit sehr an diese Anlage gewöhnt und lehnte den angebotenen Ersatz ab. Nach einem Artikel in der Zeitung *Fresno Bee* waren diese Berieselungsköpfe bereits seit drei Generationen im Familienbesitz des Kunden.

Also nahm Tony Garcia, ein Mitarbeiter von Buckner, die Köpfe über das Wochenende mit nach Hause, fertigte aus einem alten Paar Lederschuhe neue Dichtungen und schickte die reparierten Köpfe tags darauf zurück an den Kunden – ohne Rechnung. Der Kunde war mehr als begeistert, bestand darauf zu erfahren, wer die Köpfe repariert hatte, und schickte Tony Garcia einen Scheck als kleine Anerkennung seines Einsatzes.

Hätte Garcia diese Mühe auf sich nehmen müssen? Natürlich nicht. Doch der Kunde – und alle anderen, denen er glücksselig davon erzählte oder die darüber in der *Fresno Bee* lasen – hörte die damit verbundene Botschaft laut und deutlich: Wir tun alles, was nötig ist, um einen Kunden zufriedenzustellen.

## Anderen die Schuld zuschieben

Wenn etwas schiefläuft, versuchen wir oft instinktiv, die Aufmerksamkeit des Kunden von uns weg zu lenken: »Wenn diese Superschlauen aus der IT-Abteilung endlich einmal herausfinden würden, warum dieses System nie so funktioniert, wie es soll, dann könnten wir Ihnen diese lästige Warterei ersparen.« Oder: »Das Reinigungsteam hätte das gestern eigentlich aufwischen müssen, aber ich bin mir sicher, dass die zu lange Pause gemacht haben. Und schon sind Sie da hineingetreten.«

**Tipp:** Seien Sie vorsichtig mit der Schuldzuweisung an eine andere Abteilung Ihres Unternehmens. Denn dies heißt für Ihren Kunden nichts anderes, als dass die Abteilungen Ihres Unternehmens isoliert oder gar gegeneinander arbeiten, anstatt sich als Team für den Kunden zu verstehen. Verkneifen Sie sich also Schuldzuweisungen – Sie tun sich und Ihren Kollegen damit einen großen Gefallen.

# Machen Sie es richtig

Eine Entschuldigung, die unpersönlich, vage oder gar roboterhaft klingt, kann schlimmer sein als überhaupt keine Entschuldigung. Wirkungsvolle Entschuldigungen sind:

1. *Aufrichtig.* Auch wenn man nicht genau weiß, wie jeder einzelne Kunde sich fühlt und was er erlebt, so kann man dennoch aufrichtige Besorgnis zeigen.
2. *Persönlich.* Entschuldigungen wirken weitaus stärker, wenn sie in der ersten Person Singular abgegeben werden: »Es tut mir leid, dass Sie damit Probleme hatten.« Denken Sie immer daran, dass Sie für den Kunden das Unternehmen darstellen, nicht ein nebulöses »wir« oder »sie«.
3. *Rasch.* Warten Sie nicht, bis feststeht, wer oder was das Problem verursacht hat, sondern drücken Sie zuerst Ihr Bedauern darüber aus, dass dieses Problem überhaupt besteht. Je schneller Sie auf einen besorgten Kunden reagieren, desto besser.

---

*»Solange Sie einem Kunden gegenüber ehrlich und direkt sind, wird er Sie wie einen Nachbarn behandeln, wenn Sie durch unkontrollierbare Ereignisse in die schwächere Position geraten.«*

*Milton Moore,*
*General Manager von Vision Cable*

# 30. Unterschätzen Sie nicht die emotionale Ebene

»Hier ist Ihr Essen.
Ich hoffe, es bleibt Ihnen im Halse stecken!!«
*Bedienung in einem Schnellrestaurant zu einem Kunden,*
*der sich über eine zehnminütige Wartezeit beschwerte.*
*(Wir haben das nicht erfunden!)*

Der schwierigste Teil im Umgang mit anderen Menschen, das werden Sie bereits wissen, ist die persönliche Ebene. Wenn ein Produkt streikt, dann hat der Kunde wenigstens ein Objekt, an dem er seine Frustration, seinen Ärger oder seinen Zorn abreagieren kann. Wenn hingegen eine Serviceleistung nicht funktioniert, dann wird er seine hochgekochten Gefühle ganz auf Sie richten.

Nach einer Studie aus dem Jahr 2005 lassen wütende Kunden ihren Ärger nicht mehr nur ab, sondern denken ernsthaft darüber nach, in irgendeiner Form Rache zu nehmen. Eine Untersuchung, die von der Customer Care Alliance in Zusammenarbeit mit der Arizona State University School durchgeführt wurde, ergab, dass sich 70 Prozent von 1012 Befragten in der letzten Zeit einmal stark über mangelhaften Kundenservice geärgert hatten. Und immerhin 15 Prozent davon standen wegen des Ärgers und ihrer Frustration kurz davor, es dem Unternehmen heimzuzahlen (die gute Nachricht ist, dass nur 1 Prozent diesem Verlangen tatsächlich nachgegeben hatte), und 13 Prozent räumten ein, dass sie die Servicemitarbeiter mit Schimpfwörtern bedacht hatten. Die weltweit tätige Unternehmensberatung Accenture hielt in ihrem Bericht über die Kundenzufriedenheit von 2008 fest, dass 52 Prozent der Befragten angaben, dass ihre Erwartungen an Kundenservice seit den vergangenen fünf Jahren gestiegen waren. Zudem berichteten 67 Prozent der Teilnehmer, dass sie im vergangenen Jahr aufgrund einer schlechten Serviceleistung das Unternehmen gewechselt hatten.

Es ist verführerisch, auf emotionale Ausbrüche der Kunden ebenfalls emotional zu reagieren – verführerisch, aber nicht sehr weise, und sicherlich nicht sehr produktiv. Wut mit Wut zu beantworten, Sarkasmus mit Sarkasmus, Frustration mit Ungeduld, oder die emotionale Ebene insgesamt zu ignorieren verletzt sowohl denjenigen, der bedient, als auch den, der bedient wird. Verständlich, dass dann keiner der Kontrahenten auf ein Wiedersehen erpicht ist. Profis in Sachen umwerfender Service berücksichtigen die emotionale Seite bei einer Servicepanne und beherrschen den Ausgleich auf ruhige und professionelle Weise. Zur Wiedergutmachung genügt es nicht, nur das Problem zu beheben. Sie müssen auch die emotionale Ebene – die verletzten Gefühle Ihres Kunden – berücksichtigen.

## Der Farbcode der Emotionen

Genauso, wie es für Probleme unterschiedliche Lösungen gibt, gibt es auch verschiedene Möglichkeiten, verletzte Gefühle beim Kunden zu heilen. Ihre Reaktion ist abhängig von der jeweiligen »Färbung« seines Gefühlszustandes. Als Serviceprofi kennen Sie wahrscheinlich schon viele Nuancen emotional aufgebrachter Kunden, angefangen von der Eisesmiene bis hin zur Zornesröte. Manche Menschen reagieren bei Problemen sehr verständnisvoll, andere machen uns die Hölle heiß wegen einer Kleinigkeit, wieder andere verbreiten richtiggehend Angst und Schrecken.

Wir finden es hilfreich, diese Kundenreaktion auf Probleme in drei emotionale Farben einzuteilen: arrogant-blau, übellaunig-orange und zornrot.

1. *Arrogant-blaue Kunden.* Diese Kunden zeigen Ihnen keine genauen Anhaltspunkte, womit Sie den Grad ihrer Verstimmung feststellen können. Bei vielen von ihnen scheint eine Panne keine Gefühle auszulösen. Sie sehen den Vorfall, passen sich der Situation an und beherrschen kühl ihr Mienenspiel. Aber seien Sie darauf gefasst, dass diese scheinbar neutralen Kunden schnell die emotionale Leiter hochgehen können, wenn Sie sie nicht ernst nehmen.

2. *Übellaunig-orangefarbene Kunden.* Bei Ärger reagieren diese Menschen leicht gereizt, weil das Produkt oder die Dienstleistung nicht ihrer Erwartung entspricht. Wenn Sie diese Kunden jedoch auf die leichte Schulter nehmen oder ihren Ärger nicht anerkennen, dann bringen Sie sie schnell richtig in Rage!

3. *Zornrote Kunden.* Diese Kunden sind sehr schnell wütend oder frustriert. Sie nehmen die Sache persönlich und fühlen sich ungerecht behandelt oder gar schikaniert. Normalerweise kann man den Grad ihrer emotionalen Betroffenheit ohne Schwierigkeiten feststellen – er teilt sich jedem innerhalb eines Radius von drei Häuserblöcken lautstark mit.

Lassen Sie mich mal kurz im Internet nachsehen, ob es jemanden bei uns in der Firma gibt, der befugt ist, Ihr Problem zu lösen.

Um die Unterschiede zwischen diesen drei Kundentypen besser zu erkennen, sollten Sie sich die unterschiedlichen Reaktionen auf eine gleiche Ausgangssituation – eine einstündige Verspätung eines Fluges – ansehen:

*Arrogant-blauer Kunde*: Bobs Maschine trifft mit einer Stunde Verspätung am Flughafen ein, aber er hat einen neunzigminütigen Zwischenstopp und kann seinen Anschlussflug noch bekommen, sodass Bobs Terminpläne nicht betroffen sind.

*Übellaunig-oranger Kunde*: Olivias Flug hat eine Stunde Verspätung, was zur Folge hat, dass sie ihren Anschlussflug verpasst und auf einen späteren Flug warten muss.

*Zornroter Kunde*: Rays Flug hat eine Stunde Verspätung, was zur Folge hat, dass er den letztmöglichen Anschlussflug verpasst. Das wiederum bedeutet, dass er sich eine Bleibe für die Nacht suchen und Telefonate führen muss, um sämtliche Termine am nächsten Tag zu verschieben.

Wenn Sie die emotionale Farbe Ihrer Kunden kennen, finden Sie leichter die passende Taktik, ihre Gefühle zu beruhigen. Nachfolgend eine praktische Übersicht für Ihren Umgang mit diesen drei Kundentypen. Angenommen, Ihr Kunde ist:

**Arrogant-blau:**

- Zeigen Sie Verwunderung und Betroffenheit.
- Setzen Sie die üblichen Techniken im Umgang mit Menschen ein.
- Gehen Sie auf den Kunden ein.

**Übellaunig-orange:**

- Demonstrieren Sie Einsatz und Dringlichkeit.
- Beteiligen Sie den Kunden an der Lösungssuche.
- Finden Sie eine Entschädigung in Form einer zusätzlichen Leistung.

**Zornrot:**

- Zeigen Sie viel Einfühlungsvermögen.
- Erlauben Sie dem Kunden, Dampf abzulassen.
- Schaffen Sie eine ruhige Atmosphäre.
- Hören Sie aktiv zu.
- Planen Sie weitere Schritte.

Eine echte Problemlösung kann es erst geben, wenn alle Karten offen auf dem Tisch liegen. Arrogant-blaue Kunden erscheinen ruhig und gelassen, während sie Ihre Reaktion abwarten. Wenn Sie verwundert und betroffen reagieren, demonstrieren Sie dem Kunden, dass sein Fall nicht »business as usual« ist, und haben die Prüfung bestanden. Bleiben Sie hierbei immer bei einem allgemein üblichen Umgangston, sonst kann dieser Kunde doch noch unangenehm werden. Dem übellaunig-orangefarbenen Kunden müssen Sie das Gefühl geben, dass er wichtig ist und mitbestimmen darf. Seine üble Laune ist häufig nur Ausdruck von Angst oder Unsicherheit. Einen zornroten Kunden müssen Sie behutsam und mit viel Überredungskunst von seinem Wutanfall herunterholen.

## Die Spitze des Eisbergs

Ihr Geschick im Umgang mit den Emotionen der Kunden ist ein wichtiges Element, um einen Ausgleich zu schaffen. Denn häufig ist die emotionale Reaktion eines Kunden nicht allein auf das Serviceproblem zurückzuführen. Wenn Sie einem aufgebrachten Kunden gegenübertreten, können Sie anhand der ersten emotionalen Anzeichen nicht erkennen, ob sein Ärger auf einen verspäteten Flug zurückzuführen ist, auf eine kaputte Heizung, einen geplatzten Scheck oder womöglich sogar auf ... lesen Sie dazu das folgende Beispiel:

Eine Bekannte arbeitete vor einigen Jahren eine Zeit lang in einer Eisdiele. Als einmal besonders viel los war, kam ein Geschäftsmann herein und bestellte einen Becher Bananensplit. Sie bereitete ihn zu, brachte ihn an den Tisch, kassierte und wollte den nächsten Gast bedienen. In diesem Augenblick polterte der Mann los: »In diesem Bananensplit ist keine einzige Banane! Welcher Idiot macht Bananensplit ohne Bananen?«

Starr vor Schreck über diesen Ausbruch war unsere Bekannte unfähig, mehr zu tun, als den Mann anzusehen – und den bananenlosen Bananensplit. Als er endlich eine Pause einlegte, um Luft zu holen, tat sie das einzig Richtige: »Meine Güte, es tut mir fürchterlich leid. Ein Bananensplit ohne Bananen ist natürlich ein Unding. Ich wäre da auch sauer. Gestatten Sie, dass ich Ihnen einen neuen Bananensplit bringe – und Ihnen Ihr Geld zurückgebe.«

Jetzt erst wurde dem Kunden bewusst, dass er tobend und schimpfend vor einem Eisbecher saß, angestarrt vom Rest der Gäste, mit nichts weiter

konfrontiert als mit dem aufrichtig-besorgten Blick einer jungen Bedienung. Da musste er lachen. Die Bedienung zeigte ein Lächeln, und beim
Rest der Gäste war Gekicher zu hören. Auch die anderen Kunden fingen
an zu lachen. Die Krönung war, dass er sich bei ihr entschuldigte, während
sie ihm einen neuen Eisbecher machte. Nebenbei bemerkt: Er wurde
Stammgast in jener Eisdiele.

*» Wenn ein Servicetechniker zu einem Kunden geht, hat er zwei Reparatu-
ren auszuführen: Er muss sowohl die Maschine als auch den Kunden wieder in den Normalzustand bringen. Und das zweite ist wichtiger.«*

*Bill Bleuel*
*Berater für Kundenzufriedenheit*

# 31. Suchen Sie nach fairen Lösungen

> »Wenn Sie Schwierigkeiten haben, reduziert das
> die Wahrscheinlichkeit, dass der betreffende Kunde
> noch einmal bei Ihnen kauft.«
>
> *Joseph M. Juran,*
> *Begründer der Qualitätskontrolle*

Ist Ihnen schon einmal aufgefallen, dass manche Menschen regelrechte Naturtalente im Lösen von Problemen sind? Wie knifflig die Situation, wie heikel der Konflikt auch sein mag, sie finden immer einen gangbaren Weg. Vielleicht gehören Sie ja auch zu diesen Menschen?

Wenn nicht, dann denken Sie jetzt vielleicht: »Ich werde niemals so geschickt sein wie … – dazu fehlt mir einfach das Talent.« Das ist falsch. Denn die Fähigkeit zur Problemlösung ist kein angeborenes Talent, sondern eine Fertigkeit, die man sich aneignet. Damit Sie diese Fertigkeit üben und verbessern können, empfehlen wir Ihnen das folgende Muster, bestehend aus drei Schritten: Zuhören – Nachfragen – Lösung finden.

## Schritt 1: ZUHÖREN, um das Problem herauszufinden

Die Wichtigkeit von gutem und genauem Zuhören im Service kann man gar nicht oft genug betonen. In einer Konfliktsituation ist das Zuhören aus zweierlei Gründen wichtig:

1. Um Ihrem Kunden die Möglichkeit zu geben, seinen Ärger oder seine Wut abzulassen; dies ist die emotionale Seite – verletzte Gefühle heilen;

2. um das wahre Problem zu ergründen (welches manchmal offensichtlich ist, manchmal nicht).

Sie sollten beispielsweise bei der folgenden Reklamation einer Kundin gut zuhören.

»Ich habe gestern Abend ein Kid-Pro Bike bei Ihnen gekauft. Mit Verpackung wiegt das Ding bestimmt 40 Kilo! Ich habe es also endlich geschafft, die Schachtel in mein Auto zu hieven – wobei mir keiner von euch hier geholfen hat –, habe sie nach Hause transportiert und für das Ausladen, ins Haus schleppen und Auspacken über eine Stunde gebraucht. Also ehrlich: Das soll ein Kinderfahrrad sein? Wo man einen Arnold Schwarzenegger braucht, um die Schachtel aufzukriegen! Und nach alledem fehlte auch noch die Anleitung!! Wie soll ich denn bitte schön ein Fahrrad zusammenbauen, wenn die Anleitung fehlt?!«

Aufgebrachte Kunden neigen dazu, eine Vielzahl von Gründen in ihrer Schimpftirade unterzubringen. In unserem Beispiel ist die Kundin verärgert, weil sie Schwierigkeiten hatte, ihren Einkauf aus dem Geschäft zu tragen, die Schachtel aus dem Auto ins Haus zu befördern und die Verpackung zu entfernen. Das eigentliche Problem aber ist die fehlende Anleitung.

**Tipp:** Ihr Kunde hat seine Rede auf dem Weg zu Ihnen mehrfach durchexerziert. Gönnen Sie ihm diesen Auftritt, egal wie dramatisch es klingt! Selbst wenn Sie sicher sind, dass Sie das Problem verstehen – unterbrechen Sie seine Rede nicht! Vielleicht haben Sie Recht, vielleicht aber auch nicht. Hören Sie zu, bis der Kunde mit seinen Erklärungen fertig ist. Er wird sich besser fühlen, wenn er seine Geschichte vollständig losgeworden ist. Und Sie entdecken dabei vielleicht noch fehlende Teile des Puzzles, die Ihnen noch gar nicht aufgefallen waren.

# Schritt 2: NACHFRAGEN, um zu verstehen und zu bestätigen

Insbesondere wütende Kunden erklären nicht immer alles klar oder vollständig. Fragen Sie bei allem nach, was Sie nicht verstanden haben oder wo noch Klärungsbedarf besteht. Wenn Sie das Gefühl haben, dass Sie das Problem klar erkannt und verstanden haben, dann wiederholen und bestätigen Sie es dem Kunden:

»Ich bin sehr betroffen, dass Sie mit Ihrem Kauf nicht zufrieden waren, und werde das auch weitergeben. Wenn ich Sie richtig verstehe, so brauchen Sie jetzt sofort die Anleitung. Ich habe eine solche Schachtel selbst schon einmal geöffnet, die Teile lagen überall verstreut, aber keine Anleitung zu sehen – ich weiß, wie ärgerlich das ist.«

**Tipp:** Setzen Sie diesen Schritt ein, um deutlich zu machen, dass auch Sie das Problem des Kunden als Problem ansehen. Nichts verärgert einen Kunden mehr als ein Verkäufer, der auf seine Sorgen mit einem verständnislosen »Na und?« reagiert.

# Schritt 3: LÖSUNGEN finden und umsetzen

Wenn Ihnen ein Problem schon einmal begegnet ist, dann wissen Sie vielleicht schon die beste Lösung. In diesem Fall sollten Sie Ihre Lösung dem Kunden mit dem Dreischritt »Nachvollziehen – Verallgemeinern – Problemlösung anbieten« präsentieren:

»Ich kann gut nachvollziehen, dass Sie _____ (wütend, enttäuscht etc.) sind. Anderen Leute ging es dabei schon genauso, mir übrigens auch. Wir haben festgestellt, dass das Problem mit _____ behoben werden kann.«

Wenn nicht offensichtlich ist, welches die beste Lösung wäre, dann bieten Sie mehrere Alternativen an und fragen den Kunden, welche er bevorzugen würde.

»Zum Glück kommt dies äußerst selten vor. In den wenigen Fällen, die mir bekannt sind, gab es mehrere Lösungen. Zum einen könnte ich im Lager nachschauen, ob wir noch einen Karton mit einer Anleitung darin haben. Oder, falls Sie in Eile sind, dann kann ich Ihnen schnell eine Kopie von unserem Original anfertigen. Was ist Ihnen lieber?«

Indem Sie den Kunden an der Suche nach einer Lösung beteiligen, bauen Sie die Beziehung nicht nur neu auf, sondern geben ihm auch das Gefühl, dass Ihr Geschäft wirklich daran interessiert ist, ihn zufriedenzustellen. Sie werden feststellen, dass die meisten Kunden fair sind und häufig weniger erwarten, als Sie dachten. Als wir zum Beispiel einmal die Leistungen von Telefonkundendiensten untersuchten, fanden wir heraus, dass Kunden, deren Telefon am Wochenende kaputt gegangen war, gar nicht erwarteten, dass der Kundendienst sofort kam. Sie nahmen an, dass Servicetechniker, genau wie sie selbst, am Wochenende lieber bei ihren Familien blieben.

**Tipp:** Wenn Ihr Lösungsvorschlag beim Kunden wenig Anklang findet oder sogar auf Ablehnung stößt, dann haben Sie das wirkliche Problem noch nicht gefunden. Suchen Sie weiter, indem Sie den Kunden fragen, was seiner Meinung nach noch vorgenommen werden sollte.

# Ein Extraschritt

Manchmal ist es nicht genug, nur das Problem zu beheben. Erinnern Sie sich daran, dass das Ziel einer guten Problemlösung nicht nur die Behebung des Fehlers, sondern – wahrscheinlich wichtiger – auch das Halten Ihres Kunden ist. Um die Beziehung zu einem Kunden neu aufzubauen, der sich durch einen Servicefehler ungerecht behandelt fühlt, kann ein weiterer Schritt erforderlich sein, den wir »symbolische Versöhnung« nennen. Dies bedeutet, dass Sie mit einer angemessenen Geste signalisieren: »Ich möchte es wiedergutmachen.« Als Symbol der Versöhnung können Sie ein kleines Geschenk oder eine Extraleistung anbieten. Sie zeigen dem Kunden damit, dass er wichtig für Sie ist und Sie daran interessiert sind, ihn als Kunden zu halten.

»Ich bin froh, dass Sie uns die Chance gegeben haben, die Sache zu regeln. Bevor Sie gehen, lassen Sie mich noch unsere Geschäftsnummer und meine Privatnummer auf der Anleitung notieren. Und dafür, dass Sie extra herkommen mussten, möchte ich Ihnen gern ein persönliches Nummernschild für das Fahrrad Ihres Sohnes überreichen. Sagen Sie mir bitte seinen Namen?«

*»Behebe den Schaden, statt über den Kunden zu klagen.«*

*Hardee's Devise für den Umgang mit Beschwerden*

# 32. Wiedergutmachung auf die digitale Art

> »Warum sollte ich länger auf eine Internet-Website
> warten als auf meine Bestellung in einem Drive-Through
> von McDonald's?«
>
> *Anonym*

Unser kleiner Ausflug in die Welt der Wiedergutmachung wäre nicht komplett, wenn wir nicht auf die besonderen Herausforderungen eingingen, die das Bedienen von Kunden über das Internet mit sich bringt. Schließlich stürmen immer mehr Kunden und Unternehmen das Internet auf der Suche nach Produkten und Dienstleistungen. Nichts ist einfacher als ein Preisvergleich, und wer macht sich schon noch die Mühe und fährt ins nächste Einkaufszentrum, wenn es all die schönen Dinge auch mit nur einem Mausklick zu kaufen gibt?

Viele der Anbieter von Einkaufsmöglichkeiten im Internet sind – so scheint es zumindest – damit zufrieden, ständig neue Kunden zu akquirieren, und scheren sich keinen Deut um guten Service. Eine optisch ansprechende Website ist eine Sache, aber Kundensupport, Online-Hilfe und andere kundenfreundliche Merkmale ein ganz andere. Kein Wunder, dass es sich bei vielen Online-Shoppern um »Eintagsfliegen« handelt. Allein aus diesem Grund ist die Wiedergutmachung von Servicepannen online umso wichtiger – und hier kommen Sie ins Spiel. Experten sind sich einig, dass die Latte für Kundenservice und Problemlösung im Internet höher hängt als offline, in der Welt des persönlichen Kundenkontakts. Warum? Ganz einfach, die meisten Kunden denken, dass das Internet und die Computer schnell und einfach zu bedienen sind, und genau diesen Maßstab legen sie auch für den Service im Internet an.

Online-Shopper starten mit hohen Erwartungen an ihre Einkaufserfahrung im Cyberspace. Kunden, die rund um die Uhr im Internet einkaufen, erwarten auch rund um die Uhr Kundenservice; etwas, was sie in einem Laden niemals erwarten würden. Stoßen Kunden auf einer Website auf eine Online-Chat-Funktion oder senden eine E-Mail-Anfrage mit der Bitte um Rat oder weitere Informationen, erwarten die meisten eine sofortige Reaktion oder mindestens eine Antwort innerhalb der nächsten zwei Stunden – und es kommt ihnen nicht in den Sinn, dass der Servicemitarbeiter wohl Hunderte von Anfragen zur gleichen Zeit bearbeiten muss.

E-Commerce-Unternehmen müssen proaktiv mit einer neuen Art der Kundenbeschwerde umgehen, nämlich mit dem »Cyber Rage«, der per E-Mail, Twitter, YouTube, Facebook, Blogs oder über ein anderes soziales Medium geäußert wird – alles bestens geeignete Plattformen, um Unternehmen zu attackieren. Unternehmen können es sich nicht mehr leisten, sich gemütlich zurückzulehnen und abzuwarten, wie eine Beschwerde nach der anderen bei ihnen eintrudelt. Stattdessen müssen sie aktiv werden und sich auf die Suche danach machen. Die tägliche Abfrage über Google oder Suchmaschinen für soziale Medien wie socialmention.com muss zur Gewohnheit werden, auch um eigene Ängste angesichts der drohenden Hiobsbotschaften in den Griff zu bekommen. Der wachsende Einfluss von Kunden im Internet lässt vielen Unternehmen keine andere Wahl, als solche Sites aktiv zu überwachen – oder Subunternehmer zu beauftragen, auf kritische Stimmen zu achten. Ziel ist es, sich ein Bild von den Reaktionen auf ihre

Teil IV: Problemlösungen mit umwerfendem Service

Marken machen und auf Beschwerden über mangelhaften Service, die sich so schnell wie ein Lauffeuer im Internet ausbreiten und erheblichen Schaden am Corporate Image anrichten können, reagieren zu können.

Erst neulich hat sich wieder einmal so ein Vorfall ereignet. Vor dem Abflug mit United Airlines gab Musiker Dave Carroll seine Gitarre auf. Noch während er in der Lounge saß, wies ihn sein Sitznachbar auf die Gepäckmitarbeiter hin, die offensichtlich viel Spaß dabei hatten, ein Musikinstrument hin und her zu werfen. Richtig, dabei handelte sich um Daves Gitarre. Am Ankunftsort stellte er fest, dass sie diese Art der Behandlung nicht gut weggesteckt hatte und nicht mehr zu gebrauchen war. Als United nicht auf seine wiederholten Forderungen nach Schadenersatz reagierte, machte er kurzen Prozess und stellte ein Video mit seiner Geschichte auf YouTube. Ein Jahr später hatten es sich mehr als zehn Millionen Leute angesehen. Auch im Rundfunk und in vielen Zeitungen wurde darüber berichtet. Könnte Ihr Unternehmen so viel Aufmerksamkeit verkraften? Und nun zum Happy End: United stellte Dave Carroll ein, um ihnen zu zeigen, wie sie besser mit Kundenbeschwerden umgehen könnten. Doch ein solches Ende der Geschichte dürfte eher die Ausnahme sein.

Für unzufriedene Kunden sind Medien wie E-Mails oder Blogs aufgrund ihrer Anonymität leider eine Art Freibrief, sich regelmäßig bei Unternehmen zu beschweren. Schlimmer noch, dass sie auch vor heftigen Gefühlsausbrüchen und einem mehr als unhöflichen Ton nicht zurückschrecken.

## Vorläufige Regeln

Da die Regeln für Service im Internet einem ständigen Wandel unterliegen, können wir Ihnen nur ein vorläufiges Regelwerk anbieten. Mit ein paar einfachen Ideen können Sie den E-Service verbessern und verhindern, dass es überhaupt zu Situationen kommt, die eine anschließende Wiedergutmachung erfordern.

- *Anzeige Ihrer Rufnummer*. Auf viel zu vielen Websites ist die Rufnummer des Unternehmens entweder gar nicht oder erst nach gefühlter stundenlanger Suche zu finden. Ihre kostenlose Servicenummer sollte den Besuchern Ihrer Site sozusagen ins Gesicht springen. Wichtig ist auch, dass am anderen Ende der Leitung jemand ist, der sich auskennt und Ihren Kunden auch wirklich weiterhelfen kann. Besuchen Sie doch mal Ihre Website. Finden Sie die Rufnummer nicht oder erst nach umständlicher Suche, sollten Sie das den Verantwortlichen mitteilen. Das gilt umso mehr, wenn Ihnen solche Beschwerden von Ihren Kunden zu Ohren kommen.

- *1-Klick-Hilfe.* Kunden sollten hilfreiche Informationen – ganz gleich, ob sie sich auf die Verfügbarkeit von Produkten, Rechnungen, Bestellbestätigungen, die Rückverfolgung bereits versandter Waren oder sonstige Angaben beziehen – immer mit höchstens einem Mausklick auffinden können. Niemand sollte sich so lange durch die Tiefen Ihrer Website klicken müssen, bis ein Karpaltunnelsyndrom droht. Findet Ihr Kunde sämtliche Informationen problemlos auf Ihrer Website, sinkt die Wahrscheinlichkeit, dass er zum Hörer greifen muss, um Sie persönlich danach zu fragen. Bei zahlreichen Websites gibt es die Möglichkeit eines Instant Chats, was die Kommunikation mit den Kunden vereinfacht, da Hilfe niemals mehr als einen Mausklick entfernt ist. Durchforsten Sie die Website Ihres Unternehmens. Benötigen Sie mehr als vier Klicks, um zum Kundenservice zu gelangen und ihm eine Nachricht zu senden, teilen Sie das Ihren dafür zuständigen Kollegen mit. Das Gleiche gilt, wenn sich Ihre Kunden über die Umständlichkeit Ihrer Website bei Ihnen beschweren.

- *Eine Liste häufig gestellter Fragen (FAQs).* Gut durchdachte und verständlich formulierte FAQs entlasten Ihren Telefon- und E-Mail-Support, weil sie Ihren Kunden einfach und rund um die Uhr die häufigsten Fragen über Ihr Unternehmen beantworten. Manche Experten raten, zwei unterschiedliche FAQs auszuarbeiten – eine für Interessenten und Neukunden, die andere für Stammkunden, die bereits mit Ihren Produkten oder Dienstleistungen vertraut sind. Lesen Sie sich einmal die FAQs Ihrer Unternehmens-Website durch. Sind die übers Telefon am häufigsten gestellten Fragen nicht in den FAQs enthalten, berichten Sie das der verantwortlichen Person. Und kommt Ihnen zu Ohren, dass Ihre Kunden die Antworten in den FAQs nicht verstehen, sollten Sie sofort reagieren.

- *Standards für E-Mail-Reaktion.* In jedem Unternehmen sollte es klare Standards dafür geben, in welchem Zeitraum Anfragen per E-Mail und sonstige Fragen zu beantworten und wie Probleme kundenorientiert zu lösen sind.

- *Keine Registrierung vor dem Kauf.* Eine kürzlich durchgeführte Studie der Marktforschungsfirma Vividence Corp., bei der Kunden von 17 beliebten Shopping-Websites befragt wurden, kam zu dem Ergebnis, dass es sie am meisten nervt, sich vor dem Kauf registrieren zu müssen. Versetzen Sie sich doch einmal in die Lage dieser E-Shopper: Voller Eifer suchen sie sich das gewünscht Produkt, vergleichen den Preis, Versandkosten und mehr, haben endlich den passenden Anbieter gefunden, legen den gewünschten Artikel in den Warenkorb und müssen dann noch ein unendlich langes Registrierungsformular ausfüllen, bevor die Transaktion bearbeitet werden kann. Das würde Sie doch auch in den Wahnsinn treiben, oder? Im Übrigen ist das der Hauptgrund, weshalb bei manchen Unternehmen Scharen von Kunden die Website trotz gefüllten Warenkorbs wieder verlassen.

Das Web ist nun mal ein schnelles Medium, und langsame Reaktionen der Unternehmen auf Kundenanfragen fördern die Kundenbindung nicht gerade. Wer einmal zu lange auf die gewünschten Informationen oder Problemlösungen warten musste, versucht es meist kein zweites Mal. Da sich Twitter mehr und mehr durchsetzt, hat der US-amerikanische Elektrohandelsriese BestBuy die sogenannte Twelpforce entwickelt, ein perfekt betreuter Twitter-Kanal, der sofort – und wir meinen sofort – auf Anfragen, Beschwerden oder Vorschläge aller Art reagiert. Die Kunden sind mehr als begeistert. Wer will da noch tagelang auf eine Reaktion per E-Mail warten?

**Tipp:** Lands' End erhält ungefähr 400 E-Mail-Anfragen täglich, die im Durchschnitt innerhalb von drei Stunden beantwortet werden. Bei Dell Computer reagieren die Support-Techniker spätestens nach vier Stunden auf E-Mails. Wie lange dauert es in Ihrem Unternehmen?

Damit Ihre Online-Kunden bei der Stange bleiben und wissen, dass Sie sich um sie kümmern, empfiehlt sich eine automatische Bestätigung eingehender E-Mails, die obendrein angibt, wie lange es dauern wird, bis die Frage beantwortet wird. Das gibt es in Ihrem Unternehmen nicht? Warum eigentlich?

Sehen Sie sich den Registrierungsprozess auf Ihrer Website einmal genauer an. Wenn Kunden sich erst mühsam registrieren lassen müssen, bevor sie das erste Mal etwas bei Ihnen kaufen können (und nicht erst hinterher), sollten Sie nachhaken, ob es sich Ihr Unternehmen wirklich leisten kann, Kunden zu verjagen – von dem Imageschaden ganz zu schweigen, denn so etwas spricht sich im Internet sehr schnell herum.

- *Synchronisierte Retourenkanäle, die sich gegenseitig ergänzen.* Wer verstünde nicht, dass Kunden es nicht nachvollziehen können, wenn sie ihr im Internet erworbenes Produkt nicht in der Filiale desselben Unternehmens zurückgeben können. Da ist der Ärger vorprogrammiert. Zappos. com, der E-Commerce-Anbieter für Schuhe, Bekleidung und sonstige Modeartikel, liefert nicht nur über Nacht, sondern übernimmt auch die Versandkosten, wenn Sie die Ware wieder zurückschicken. Für Zappos. com ist bester Service das Alleinstellungsmerkmal schlechthin, und sie erreichen dieses hehre Ziel unter anderem durch synchronisierte Abläufe. Können Ihre Kunden Produkte auch im Laden umtauschen oder zurückgeben? Wenn nicht, sollten Sie den Grund dafür kennen, denn Ihre Kunden werden das garantiert von Ihnen wissen wollen.

*»Lassen Sie Ihre Online-Kunden im Regen stehen, werden sie das Gleiche mit Ihnen tun.«*

*www.liveperson.com*

# 33. Wiedergutmachung nach Art der sozialen Medien

>»Dem Online-Erfolg stehen kurzsichtiges Denken,
>Langsamkeit und mangelnde Vorbereitung im Weg.«
>
>*Gordon Brooks*
>*Präsident und CEO, Breakaway Solutions*

»Sie meinen, dass wir uns auch in den sozialen Medien auf die Wiedergutmachung von Servicepannen vorbereiten müssen?« Richtig! Bei jedem Problem wollen Ihre Kunden, dass ihnen sofort weitergeholfen wird. Über welchen Kanal das erfolgt, spielt für sie keine Rolle. Es gehört zu Ihrem Job als umwerfender Servicemitarbeiter, die Probleme dort zu lösen, wo Ihre Kunden gerade sind. Und darauf sollten Sie unbedingt vorbereitet sein!

Kate Ryan, eine der Bloggerinnen des Blogs Tech Affect, beschreibt in einer vor kurzem veröffentlichten Kolumne, welche Erfahrung sie mit Twitter gemacht hat:

Ich checkte gerade meine E-Mails, als es passierte. Und da lag sie auch schon in meinem Posteingang: Die befürchtete Nachricht von Best Buy, dass mein Online-Kauf eines neuen Flachbild-Fernsehers storniert worden war. Und das nur einige Minuten, bevor ich ihn aus der Filiale abholen wollte. Kein Wunder, dass ich bitter enttäuscht war. Da ich meinem Ärger Luft verschaffen wollte, schickte ich einen Tweet über Twitter los, schließlich sollte die ganze Welt von meinem Ärger erfahren – doch alles, was zurückkam, war die Nachricht von einem Mitarbeiter der Twelpforce, doch die Service-Hotline von Best Buy anzurufen:

*@kateryanNY Ich kann Ihren Ärger verstehen. Rufen Sie doch 888-BEST-BUY an. Dort wird Ihnen bestimmt weitergeholfen. twelpforce.*
*2:59 PM Dec 5th, 2010 via web in reply to kateryanNY*

Allein diese Antwort hatte mich schon fuchsig gemacht, doch als am nächsten Abend eine E-Mail von der Filiale eintrudelte: »Wir möchten Sie freundlich daran erinnern, Ihr gekauftes Produkt abzuholen«, traute ich meinen Augen nicht. Wie bitte, eine Abholerinnerung für einen stornierten Fernseher? Als ich dann auch noch feststellen musste, dass der Kaufbetrag bereits von meinem Kreditkartenkonto abgebucht worden war, rief ich sofort den Kundenservice an. Geduldig wählte ich die passende Option im Telefonmenü, hörte mir unterschiedliche Musikstücke an, die mir während der Wartezeit ins Ohr gespielt wurden, und wurde immer wieder vertröstet, dass sich der nächste freie Mitarbeiter um mich kümmern würde. Nach einer Stunde Wartezeit, ohne dass ich es geschafft hätte, auch nur mit einem einzigen Wesen aus Fleisch und Blut zu sprechen, legte ich völlig entnervt den Hörer auf – wie gut, dass niemand meinen Wutanfall mitbekam!

Und dann verfasste ich einen weiteren Tweet:

*Stinksauer auf @bestbuy. Erst Auftrag storniert, dann Abholerinnerung. Keine Rückerstattung des Kaufpreises. twelpforce ein einziger Flop!*
*9:13 PM Dec 6th, 2010 via web*

Nachdem ich ja schon eine Stunde am Telefon mit ihrem sogenannten Kundenservice vergeudet hatte, erwartete ich wirklich nicht viel von dieser twelpforce. Doch innerhalb weniger Minuten wollte @jayysenn, ein Best-Buy-Mitarbeiter, von mir wissen, was er für mich tun könne. In einem weiteren Tweet bat er mich um meine Auftrags- und Kundendaten und rief mich auf meinem Handy an. (Wie sich herausstellte, wurde der Auftrag nie offiziell storniert, was auch die Abholerinnerung und die Abbuchung erklärt.) Am Telefon stornierte er den Auftrag nun offiziell, überprüfte meine erneute Bestellung und wies als Wiedergutmachung für meinen Ärger eine Gutschrift auf mein Kundenkonto an. Ich muss wohl nicht betonen, dass ich mich daraufhin wieder beruhigte und meinen Schwur, nie wieder bei Best Buy einzukaufen, schnell zurücknahm.

Gibt es ein perfekteres Beispiel? Aus Kates Geschichte können Sie lernen, wie Sie mit einem verärgerten und wütenden Kunden umgehen sollten und was Sie tunlichst vermeiden müssen. Das gilt vor allem, wenn lange Wartezeiten Ihren Kunden noch mehr verstimmt haben.

Und jetzt wollen wir Kates Geschichte einmal ganz genau unter die Lupe nehmen und fein säuberlich analysieren, was richtig und was völlig falsch gelaufen ist.

Teil IV: Problemlösungen mit umwerfendem Service

## Sich entschuldigen und Verständnis für den Ärger des Kunden aufbringen

Kates erster Kontakt war die Gelegenheit für Twelpforce, sie mit umwerfendem Service zu beeindrucken. Zunächst haben die Mitarbeiter ja auch alles richtig gemacht. Sie haben innerhalb einer Stunde reagiert und Verständnis für ihre Wut gezeigt. Doch nach diesem guten Anfang haben sie versagt, weil sie sich nicht weiter um Kates Problem kümmerten, sondern es einfach weiterreichten, indem sie ihr den Rat gaben, sich doch an die Hotline zu wenden. Das frustrierte Kate nur noch mehr. Überlassen Sie Ihren Kunden nicht Ihren Job! Und wenn Sie ihnen versprechen, ihnen weiterzuhelfen, dann tun Sie das auch! Möchte ein Kunde mit jemandem sprechen, der ihm bei seinem Problem helfen kann, fackeln Sie nicht lange und stellen Sie ihn gleich durch.

## Zuhören, Verständnis zeigen und offene Fragen stellen

Es hätte keinen besseren Zeitpunkt geben können, Kate zu bitten, das Gespräch über einen anderen Kanal weiterzuführen. Nachdem Kate ihrem Ärger ja bereits öffentlich Luft gemacht hatte, hätte eine schnelle Anfrage, ob sie bereit wäre, weitere Informationen per E-Mail zu schicken, gezeigt, dass ihr Problem erkannt wurde. Sie hätten Kate ihre volle Aufmerksamkeit schenken und die ganze Geschichte erfahren können. Doch Vorsicht: Achten Sie darauf, Ihren Kunden auf Twitter zu folgen. Wenn nicht, kann der Kunde Sie nicht persönlich kontaktieren, und dann kennt sein Ärger wohl keine Grenzen mehr.

## Das Problem beheben

An dieser Stelle ging wirklich alles schief. Das Problem wurde weitergereicht und aus leichtem Ärger eine chronische Verstimmung. Als letzten Hilfeschrei twitterte sie ihr Leid hinaus in die Welt – und zu ihrem Glück entpuppte sich

@Jayysenn als Retter in der Not. Er kümmerte sich offline um Kates Problem und rief sie an. Er übernahm die Verantwortung, stellte fest, was eigentlich passiert war, und half ihr schnell und unbürokratisch weiter.

## Wiedergutmachung anbieten

@Jayysenn wollte mehr, als einfach nur Kates Bestellung abzuwickeln. Als Sahnehäubchen obendrauf bot er ihr eine Gutschrift als Wiedergutmachung an. Schließlich sollte Kate nicht nur wieder zufrieden sein, sondern vor allem wiederkommen. Und das hat ja auch geklappt. Kate selbst hat getwittert, dass sie ihren selbst auferlegten Boykott von Best Buy zurückgenommen hat und wohl wieder dort einkaufen wird. Wie schön, dass nun alle Leser von Kates Blog diese Geschichte kennen und wissen, dass man sich bei @twelpforce um seine Kunden kümmert. Ende gut, alles gut.

## Nachfassen

Wir wissen nicht, ob @Jayysenn bei Kate nachgefragt hat, ob sie ihren Flachbildfernseher letztes Endes dann doch bekommen hat. Aber wir wären mehr als überrascht, wenn er diesen wichtigen Schritt vergessen hätte.

Geplante Wiedergutmachung ist eine wahre Wunderwaffe! Ganz gleich, ob Sie sie im persönlichen Kontakt einsetzen oder per E-Mails und über Websites reagieren müssen. Und das gilt auch für die sozialen Medien. Sehen Sie zu, dass Sie wissen, was zu tun ist – schließlich wollen Sie nicht einen einzigen Kunden verlieren!

*»Sobald Sie sich klarmachen, dass Ihr Kunde ebenso wie Sie selbst ein menschliches Wesen ist, ändert sich die gesamte Dynamik der Kundeninteraktion.«*

*Elizabeth Spaulding, L.L. Bean, Inc.*

# 34. Schreckliche Kunden ... sind auch Kunden

> »Es gibt keine ›schrecklichen‹ Kunden; manche sind nur schwieriger zufriedenzustellen als andere.«
>
> *Ausspruch eines Menschen, der noch nie einen Kunden bedient hat*

Es ist schon schwer, die Beherrschung nicht zu verlieren, wenn man einen völlig entnervten und gereizten Kunden bedienen muss, der einen schlechten Tag in der Hölle eines Konsumtempels hinter sich hat. Aber dies ist nicht zu vergleichen mit dem Gefühl von Panik und Entsetzen angesichts eines gnadenlosen, wutschnaubenden und völlig außer sich geratenen Kunden, der auf direktem Weg der Hölle entstiegen zu sein scheint.

Kunden, die einen höllischen Tag hinter sich haben, brauchen Ihr Verständnis, Ihre Hilfe und Ihre Unterstützung. Aber Kunden, die scheinbar direkt der Hölle entstiegen sind, bedürfen jener speziellen Aufmerksamkeit und Behandlung, die man einer gezündeten Handgranate oder einer gereizten Klapperschlange angedeihen lassen muss.

Sie würden jemandem aus der zweiten Gruppe niemals ins Gesicht sagen, was Sie bei seinem Anblick denken – »Hilfe, nicht schon wieder einer dieser schrecklichen Kunden!« –, aber es ist völlig richtig, wenn man sich eingesteht, dass die Bedienung solcher Kunden die Hölle sein kann.

Ein solcher Kunde treibt ein einfaches Spiel: Sein Ziel ist, Sie total zu entnerven, Sie zum Gegenangriff aufzustacheln. Er reizt Sie, Sie reagieren. Und schon hat er gewonnen! Wenn Sie die Beherrschung auch nur für kurze Zeit verlieren, dann haben Sie schon verloren. Ihr erster Impuls ist sicherlich, die Flucht zu ergreifen, ihm eine Ohrfeige zu verpassen oder beides gleichzeitig. Aber das geht ja nicht. Also, was dann?

1. Nehmen Sie einen anderen Blickwinkel ein. So richtig durch und durch widerwärtige Kunden kommen relativ selten vor. Die meisten wollen mit Ihnen in einer angenehmen und konstruktiven Art und Weise verhandeln. Und selbst extrem schwierige Kunden sind immer noch – Kunden.
2. Denken Sie daran, dass Sie ein Profi sind. Sie verstehen sich auf Ihre Aufgabe und kennen Ihr Unternehmen. Sie wissen alles über Ihre Produkte und was sie leisten. Und Sie wissen, wie man mit Menschen umgeht, auch am Ende eines langen Tages, am Wochenende oder Ende August, wenn die Klimaanlage ausgefallen ist.
3. Seien Sie ein Meister der Gelassenheit. Lassen Sie Gereiztheit und Zorn einfach spurlos an sich abgleiten. Wütende Kunden regen sich selten über Sie persönlich auf, sondern über die Situation, an der sie etwas auszusetzen haben.

## Möglichkeiten des Umgangs mit schrecklichen Kunden

Unsere eigenen Untersuchungen über Kundenverhalten und die Berichte unserer Leser über extrem schwierige Fälle legen eine Vorgehensweise in vier Schritten nahe. Mit diesen Verhaltensregeln, richtig angewandt, können Sie auch den wildesten Kunden zähmen. Meistens jedenfalls.

1. *Ignorieren Sie sein schlechtes Benehmen.* Wenn Sie anfangen, Kunden als Scheusale und Idioten anzusehen, dann sind Sie bereits auf dem besten Weg, Ihre Kunden genauso schlecht zu behandeln, wie Sie von ihnen behandelt werden. Schlimmer noch, Sie behandeln damit die Unschuldigen genauso schlecht wie die Schuldigen.

John Scheusal von der Firma XY ist der übelste Mensch, der Ihnen je begegnet ist. Eines Tages beschließen Sie, Gleiches mit Gleichem zu vergelten. Sie sind ihm gegenüber also genauso ausfallend und beleidigend, wie er es sonst Ihnen gegenüber ist – und Sie fühlen sich großartig dabei. John S. geht natürlich zu seiner Firma XY und erzählt allen, wie mies Sie waren, obwohl er doch lediglich um einen kleinen Gefallen gebeten habe. Bald darauf bemerken Sie, dass auch andere Mitarbeiter der Firma XY Ihnen Schwierigkeiten machen. Und dann müssen Sie natürlich auch diesen Scheusalen Gleiches mit Gleichem vergelten … Sie verstehen, worauf wir hinauswollen?

Der schreckliche Kunde lebt von Ihren Reaktionen. Er nutzt Ihre Antworten, um sein eigenes Verhalten zu rechtfertigen. Wenn Sie über seine unhöflichen und beleidigenden Worte und Handlungen hinwegsehen, signalisieren Sie: »Toben und fluchen Sie, so viel Sie wollen. Ich lasse mich nicht einschüchtern!« Und dieses Signal – wohlgemerkt: nur demonstriert, nicht ausgesprochen – verschafft Ihnen den entscheidenden Vorteil.

2. *Glätten Sie die Wogen*. Manche Kunden treffen mit einem unangemessenen Ton oder üblen Ausdrücken Ihren wunden Punkt und rauben Ihnen dadurch die Fassung. Andere scheinen ihren Zorn ganz persönlich auf Sie zu richten, als ob Sie allein verantwortlich für jedes Missgeschick in ihrem Leben seien. Tatsächlich sind tobende Kunden häufig derart in ihren Wutanfall verstrickt, dass sie vergessen, dass auch Sie nur ein Mensch mit Gefühlen sind.

**Tipp:** Der Hinweis auf die Zehn Gebote Ihrer Firma bringt bei diesen Kunden gar nichts. Wenn Sie auf Geschäftsbedingungen oder allgemeine Gepflogenheiten verweisen, um Ihr Verhalten zu rechtfertigen, liefern Sie dieser Sorte Kunden nur einen konkreten Anlass, weiter zu toben.

Versuchen Sie, den Kunden an diese Tatsache zu erinnern, indem Sie ihn sanft herunterholen. Beispielsweise können Sie sagen: »Habe ich persönlich etwas getan, um Sie in Wut zu versetzen? Ich würde Ihnen gerne helfen. Geben Sie mir bitte die Chance dazu.« Dies hilft dem Kunden, auf den Boden der Tatsachen zurückzukehren und sich dem Problem statt der Person zuzuwenden. Der Aufhänger »Geben Sie mir bitte die Chance, Ihnen zu helfen« wirkt Wunder. Federal-Express-Mitarbeiter berichteten uns, dass ihrer Erfahrung nach kaum ein Kunde dies ablehnt, wenn auch manche grummelnd. Und häufig braucht es nicht mehr, um einen rasenden Kunden in einen sanften Engel zu verwandeln.

**Tipp:** Sie befürchten, dass ein Kunde auf diese Frage antworten könnte: »Ja, Sie haben mein Leben ruiniert!«? Zwar kommt dies selten vor, aber wenn das die Reaktion des Kunden sein sollte, dann müssen Sie den Grund dafür herausfinden, damit Sie entweder das Problem beheben oder die Perspektive des Kunden gerade rücken können. Oder Sie müssen zu der nachfolgend beschriebenen Taktik greifen.

3. *Verweisen Sie den Kunden an einen anderen Mitarbeiter.* Es gibt Fälle, in denen Sie nicht verpflichtet sind, ein Gespräch mit einem Kunden fortzusetzen. Wenn der Kunde Sie persönlich beleidigt oder beschimpft, dann haben Sie das Recht, das Gespräch abzubrechen. Wenn er sich absolut nicht von Ihnen helfen lassen will, dann ist es sogar Ihre Pflicht, den Kunden an jemanden zu verweisen, der besser mit ihm klarkommt, sei es ein Kollege oder ein Vorgesetzter. Das hat nichts mit Rückzug zu tun. Ganz im Gegenteil: Dies ist eine wohlüberlegte und sinnvolle Methode, um sich vor negativem und bösartigem Kundenverhalten zu schützen.

Wenn Sie diese Methode anwenden, werden Sie auf ein eigenartiges, wenn auch sehr menschliches Phänomen stoßen. Betrachten Sie das Beispiel von Frau Widerwärtig, die wegen eines Problems mit einer Rechnung anruft. Sie versuchen, die Wogen zu glätten und sie sanft auf den Boden der Tatsachen herunterzuholen, ernten aber nur eine Schimpftirade: »Sie Vollidiot! Wegen Leuten wie Ihnen wird das Abendland untergehen! Ich will mit jemandem reden, der ein Hirn im Kopf hat!« Sie atmen ganz tief durch und bitten die Kundin zu warten. Dann rufen Sie Ihre Chefin an, erklären ihr die Situation und stellen Frau Widerwärtig zu ihr durch. Voller Spannung eilen sie zum Büro Ihrer Chefin, um ihre Reaktion zu sehen, wenn Frau Widerwärtig wieder loslegt. Zu Ihrer Überraschung und – zugegebenermaßen – Bestürzung müssen Sie mit ansehen, wie Ihre Chefin lächelt und nickt, während sie nur beschwichtigende Plattitüden von sich gibt. Warten Sie, es kommt noch schlimmer! Zum Schluss lacht Ihre Chefin auch noch über irgendetwas, was Frau Widerwärtig sagt! Dann legt sie auf und sagt zu Ihnen: »Eigenwilliger Charakter, diese Frau Widerwärtig, aber doch eine nette Frau! Was haben Sie nur gesagt, dass sie sich so aufregte?«

Sind Frau Widerwärtig und Ihre Chefin vielleicht Seelenverwandte, psychische Zwillinge? Nein! Frau Widerwärtig hatte nur einen Wutanfall, wie ein kleines Kind! Ein kleines Kind braucht eine Auszeit: Sie schicken es normalerweise auf sein Zimmer, damit es sich beruhigen kann. Diese Auszeit haben Sie Frau Widerwärtig gegeben, als Sie sie am Telefon warten ließen. Während Ihres Telefonats mit Ihrer Chefin konnte sie sich wieder beruhigen, ihr Wutanfall klang ab, und sie war bereit, sich auf eine neue Aktivität einzustellen, nämlich das Gespräch mit Ihrer Chefin.

4. *Zeigen Sie ihm die Konsequenzen seines Verhaltens auf.* Was tun, wenn Herr Scheusal sich nicht beruhigt? Oder schlimmer: Wenn er handgreiflich wird, sie schubst oder gar bedroht? Jetzt ist es Zeit, eine deutliche Grenze zu ziehen. Aber werfen Sie den Kunden nicht ins kalte Wasser, sondern zeigen Sie ihm die Brücke, über die er das sichere Ufer erreichen kann.

Ein Beispiel: Sie sind Oberkellner im besten Restaurant der Stadt. Das Lokal ist für den Abend völlig ausgebucht. Herr Scheusal kommt mit drei Freunden, hat aber nicht reserviert. Er packt Sie am Arm, zieht Sie zur Seite und sagt leise und in drohendem Ton, dass Sie ihm und seinen Freunden augenblicklich einen Tisch beschaffen sollen, sonst ... Während er redet, lächelt er die ganze Zeit über – und presst dabei bedrohlich Ihren Arm. Gehen Sie in positiven Augenkontakt, lächeln Sie zurück und sagen Sie: »Es tut mir leid, aber wenn wir keinen anderen Weg finden, diese Sache zu besprechen – und zwar ohne körperliche Gewalt –, dann werde ich die Polizei rufen müssen!«

Sie werden den Satz eventuell wiederholen und ihm einen Moment Zeit geben müssen, bis er begreift, dass Sie es ernst meinen. Wenn er dann damit aufhört, bieten Sie ihm an, ihn auf die Warteliste zu setzen. Falls nicht, sagen Sie: »Es tut mir leid, dass wir keine einvernehmliche Lösung finden konnten.« Rufen Sie laut und mit fester Stimme nach Ihrem Vorgesetzen. Danach rufen Sie die Polizei.

**Tipp:** Reden Sie immer in der 1. Person Singular und benutzen Sie Formulierungen wie in unserem Beispiel. Reaktionen wie »Sie sind ein stinkender Grobian« provozieren nur mehr Groll und Abwehr. Dagegen besagen klare Botschaften, die mit »ich« beginnen, dass Sie bestimmte Verhaltensweisen nicht dulden – sei es Fluchen oder Berührungen. Und selbst wenn andere dies akzeptieren sollten, so gilt das noch lange nicht für Sie.

Die meisten Kunden werden Ihre Vorgabe »Hören Sie damit auf, und ich helfe Ihnen – machen Sie so weiter, und ich helfe Ihnen nicht« akzeptieren. Wenn der Kunde nicht darauf eingeht, müssen Sie unbedingt zu Ihren Worten stehen. Das ist konsequentes Verhalten. Auf unser Beispiel bezogen haben Sie als Konsequenz angedroht: »Ich rufe die Polizei« – und müssen dies dann auch tun.

Welche Taktik ist die beste? Alle vier genannten Schritte können zu ihrer Zeit richtig sein. Beraten Sie mit Ihren Kolleginnen und Kollegen und mit den Vorgesetzten, welche Taktik wann am besten auf schwierige Kunden anzuwenden ist.

*»Der Kunde ist nicht mehr König – er ist zum Diktator mutiert.«*

*Anonym*

# 35. Der Schrecken der Menschheit

> »Sie werfen nur einen Nickel in meinen Hut und erwarten
> einen Song für einen Dollar ...«
>
> *Aus einem Country-Song*

Nicht alle schrecklichen Kunden sind gleichermaßen schrecklich. Manche sind Meister des langsamen Trommelwirbels. Andere brüllen herum, so laut es geht. Manche betteln. Einige drücken auf die Tränendrüse. Wieder andere drohen. Und manche schmeicheln sogar. Unser Rat: Sie müssen Ihren Feind kennen.

Wir haben fünf verschiedene Grundtypen des schrecklichen Kunden ausgemacht.

## Egozentrischer Egon

Ich, ich, ich – das ist seine Devise! Und was ist mit Ihnen? Sie sind nur eine Randfigur, Makulatur, und wagen es, einen Schatten auf das Meisterwerk der Schöpfung zu werfen, den »Egozentrischen Egon: Hören auch Sie die großartigste Geschichte, die jemals erzählt wurde«.

### Typische Verhaltensmuster

Er wartet nicht, bis er an der Reihe ist, er redet grundsätzlich nur mit dem Vorgesetzten, er jagt allen einen höllischen Schrecken ein, weil er im richtigen Moment den Namen wichtiger Leute fallen lässt, und lässt jeden lautstark wissen, was sein Begehr ist.

## Tipps für den Umgang mit Egon

*Appellieren Sie an sein Ego.* Da Egon sich selbst als Star wahrnimmt, gibt es nichts Beruhigenderes für ihn als eine VIP-Behandlung. Selbst Kleinigkeiten, wie ihn mit seinem Namen anzusprechen, können viel bewirken.

* *Stellen Sie Ihr Können unter Beweis.* Egon ist nicht wirklich davon überzeugt, dass Sie irgendetwas tun können oder wollen, um ihm weiterzuhelfen. Nur mit einer konkreten und nachweisbaren Handlung Ihrerseits können Sie ihm klarmachen, dass Sie sich nach besten Kräften um ihn kümmern – selbst wenn das Problem nur in seinem Kopf existiert.
* *Verweisen Sie nicht auf die Richtlinien.* Egon will nichts, aber auch rein gar nichts über Ihre Unternehmenspolitik hören (im Grunde will das niemand, der gerade ein Problem hat). Egon begreift sich als Ausnahme von der Regel. Sagen Sie etwas wie »Ganz speziell für Sie kann ich Folgendes tun ...« und spulen dann Ihr Standardprogramm ab.
* *Stellen Sie Ihr eigenes Ego für einen Augenblick hintan.* Egon kann wahnsinnig herrisch sein, und sein arroganter Auftritt verleiht Service-Mitarbeitern das Gefühl, eine kleine unbedeutende Nummer zu sein. Werten Sie sein übersteigertes Anspruchsdenken nicht als persönlichen Angriff. Konzentrieren Sie sich auf das Geschäftliche und blenden Sie seine verächtliche Art einfach aus.

# Motzki

Ihre Mutter wäre stolz auf sie. Was für ein umfassender Wortschatz! Für andere wäre ein solcher Auftritt Schwerstarbeit, der ohne das Gespür für das richtige Timing, eine gehörige Portion schauspielerisches Talent und das Fehlen jeglichen Schamgefühls undenkbar wäre. Aber Motzkis Schimpftirade scheint das reinste Kinderspiel zu sein.

## Typische Verhaltensmuster

Motzki motzt und flucht für ihr Leben gerne, kennt kein Pardon und schreckt auch sonst vor nichts zurück, was sich ansonsten im zwischenmenschlichen Bereich verbietet.

## Tipps für den Umgang mit Motzki

- *Ignorieren Sie ihre Ausdrucksweise.* Wenn Sie sich dadurch persönlich angesprochen fühlen, haben Sie verloren. Blenden Sie auch Schimpfworte aus. Machen Sie sich klar, dass Ihr Unternehmen und nicht Sie persönlich gemeint sind. Mitunter bringt es Motzki aus dem Konzept, wenn Sie sich höflich und sachlich erkundigen: »Entschuldigen Sie, aber habe ich Ihnen persönlich etwas getan? Wenn ja, würde ich mich gerne dafür entschuldigen.« Manchmal unterbricht sich Motzki in ihrem Wortschwall und erzählt Ihnen, was sie so zur Weißglut gebracht hat.
- *Beenden Sie das Telefonat.* Wenn Motzki flucht wie ein Postkutscher, unterbrechen Sie sie mit einem »Entschuldigen Sie, aber ich muss mir so etwas nicht anhören, und ich werde jetzt auflegen«. Gehen Sie sofort danach zu Ihrem Vorgesetzten und erzählen Sie ihm von dem Vorfall. Untersuchungen haben ergeben, dass die meisten solcher Kunden (sage und schreibe 80 Prozent) sofort zurückrufen und sich entschuldigen, dass sie zu weit gegangen sind.
- *Stimmen Sie Motzki teilweise zu.* Beschwert sich Motzki bei Ihnen über die unerträglich lange Wartezeit an der Kasse, pflichten Sie ihr bei! »Fünf Minuten ist wirklich zu lange, ich kann gut verstehen, dass Sie das nervt.«

# Hysterischer Harald

Er schreit und brüllt für sein Leben gern. Wenn es stimmt, dass in uns allen ein Kind schlummert, das nur darauf wartet, sich ausleben zu dürfen, zeigt Harald die dunkle Seite dieses an sich so schönen Gedankens. Seine Wutanfälle sind legendär, er ist die erwachsene Variante eines trotzigen Kleinkinds. Nur lauter. Viel lauter.

## Typische Verhaltensmuster

Kreischt, tobt, strampelt mit den Füßen und wahrt keinerlei Distanz zu seinen Mitmenschen.

## Tipps für den Umgang mit Harald

- *Soll er doch Dampf ablassen.* Harald trägt eine ganze Menge aufgestauter Emotionen mit sich herum. Lassen Sie zu, dass er sich in Ihrer Gegenwart abreagiert. Respektieren Sie Haralds Gefühle, egal, ob Sie mit ihm von der Sache her übereinstimmen oder nicht. Neutrale Aussagen wie »Ich verstehe, dass Sie wütend sind« oder »Ich kann nachfühlen, dass Sie mehr als sauer sind« können eine beruhigende Wirkung auf ihn haben.
- *Bringen Sie ihn an einen ruhigen Ort.* Ein öffentlich zugänglicher Raum ist nicht der richtige Ort für Haralds Wutanfall. Bitten Sie ihn in ein ruhigeres Eck wie einen Konferenzraum oder ein ungenutztes Büro. Rechnen Sie aber damit, dass Harald sich Ihrem Vorschlag verweigert, weil er davon überzeugt ist, dass er das Gewünschte eher bekommt, wenn andere Kunden seinen Wutanfall mitbekommen.
- *Lösen Sie sein Problem.* Wenn sich Harald endlich beruhigt hat, fragen Sie ihn nach des Pudels Kern. Zeigen Sie ihm, dass Sie alles tun werden, um ihm weiterzuhelfen.

# Dikator-Diddi

Diddi kommandiert andere für sein Leben gern herum. Er setzt willkürliche Fristen, stellt Ultimaten und weiß ganz genau, was zu tun ist. Schließlich kennt er das Geschäft zur Genüge. Und wenn sein Plan nicht aufgeht? Dann ist es natürlich die Schuld Ihres Unternehmens. Oder noch besser: Ihre Schuld.

## Typische Verhaltensmuster

Er taucht gleich mit schriftlichen Handlungsanweisungen oder Befehlen in mehrfacher Ausfertigung auf, besteht darauf, dass die Dinge so gemacht werden, wie er das sagt, und vermutet Sabotage, wann immer seine Wünsche nicht erfüllt werden.

## Tipps für den Umgang mit Diddi

* *Beenden Sie sein Spiel.* Für Diddi ist guter Service gleichbedeutend mit Krieg, und der Erstschlag muss natürlich von ihm ausgehen. Wenn Sie so tun, als ob sein Verhalten in Ordnung wäre, und ihm versichern: »Ich erledige gerne alles nach Ihren Wünschen«, beenden Sie seine Show. Für Diddi gibt es nichts Schöneres, als wenn seine Wünsche sofort und exakt nach seinen Vorgaben erfüllt werden.
* *Spielen Sie mit.* Wenn Sie Diddis Spiel weder beenden noch die Unternehmensregeln brechen können, um ihm seine Wünsche zu erfüllen, bleibt nur eines: Sie steigen auf sein Spiel ein. Lassen Sie ihn wiederholt wissen, was Sie für ihn tun können.

# Schnäppchen-Susi

Susi will auf ihre Kosten kommen, und zwar immer und überall. Für sie ist es kein Spiel, für ihr Geld das meiste herauszuholen, für sie geht es ums Ganze.

## Typische Verhaltensmuster

Sie steht auf alles, was sie nichts kostet. Am besten, sie kriegt gleich zwei Geschenke. Leidenschaftlich gerne trägt sie die Ware zurück in den Laden, sobald sie abgenutzt oder kaputt ist oder sie nichts mehr damit anfangen kann. Doch wehe, man kreidet ihr dieses Verhalten an. Üble Nachrede, heißt es dann, und dass sie das Unternehmen unverzüglich verklagen wird.

## Tipps für den Umgang mit Susi

- *Behandeln Sie Susi mit der gleichen Höflichkeit und dem gleichen Respekt wie jeden anderen Kunden.* Sie vergeben sich nichts, wenn Sie höflich und respektvoll auftreten.
- *Überlegen Sie sich eine angemessene Reaktion auf Susis Beschwerden* (fair für beide Seiten).
- *Sie müssen nicht auf Susis Forderungen eingehen.* Zeigen Sie sich jedoch von Ihrer nachgiebigen Seite, ersparen Sie sich und Ihren anderen Kunden vermutlich eine unangenehme Szene.

---

*»Sehen Sie es positiv: Jede noch so unerfreuliche Begegnung kann uns etwas über den Umgang mit schwierigen Menschen lehren.«*

*Rebecca Morgan*
*Morgan Seminar Group*

TEIL V

# FIT IN SACHEN
# UMWERFENDER SERVICE:
# ACHTEN SIE AUF SICH SELBST

Bisher haben wir uns hauptsächlich auf den Kunden konzentriert. Aber es gibt noch einen anderen wichtigen Beteiligten im Service: Sie selbst. Der kluge Serviceprofi weiß, dass Selbstmanagement genauso wichtig ist wie das Organisieren des Kundenkontakts.

Umwerfender Service ist kein Synonym für das Streben nach dem Unmöglichen. Er ist auch kein selbst auferlegtes Martyrium. So wie ein Sportler konstant trainieren oder ein Musiker stetig üben muss, so müssen auch Sie sich und Ihre Arbeit beständig vorantreiben, kritisch bewerten und Ihre Fortschritte überwachen. Dies bedeutet für Sie ein Stück harte Arbeit, aber es bedeutet auch, dass Sie Ihre Erfolge feiern dürfen.

Wie Sie zu sich und Ihrer Tätigkeit stehen – ob Sie Ihre Arbeit gern tun oder ob Sie sich ihr hilflos ausgeliefert fühlen –, schlägt sich unweigerlich auf die Qualität Ihres Service nieder. Umwerfender Service sollte für alle Beteiligten ein Gewinn sein.

# 36. Meistern Sie die Kunst der Gelassenheit

>»Stress ist eine Koppelung von seelischen und körperlichen Momenten. Welche Rolle spielen unsere Gedanken, Gefühle und Wahrnehmungen bei unserer psychischen und physischen Reaktion auf schwierige Situationen?«
>
> *Dr. Frances Meritt Stern,*
> *Vorsitzende des Institute of Behavioral Awareness*

Es ist keinem damit gedient, wenn Sie gestresst, ausgelaugt und überarbeitet sind oder Ihre Arbeit mit mulmigem Gefühl, mit schlechter Laune und Aggressionen, womöglich noch ohne Frühstück antreten. Die emotionale Belastung in modernen Dienstleistungsberufen kann heutzutage mehr an den Kräften zehren, als den ganzen Tag Kisten zu schleppen oder am Bau zu arbeiten. Sie werden die vielen schönen Seiten Ihrer Arbeit nicht genießen können, wenn Sie nicht lernen, wie Sie mit Stress umgehen und ihm entgegenwirken können.

In amerikanischen Freizeitparks wie beispielsweise Disneyland lernen die Mitarbeiter das Konzept »Onstage« und »Offstage«, also »vor« und »hinter« den Kulissen, zu unterscheiden:

- Vor den Kulissen ist überall da, wo man von den Besuchern gesehen oder gehört werden kann.
- Hinter den Kulissen ist an allen anderen Stellen, also dort, wo man außer Seh- und Hörweite der Besucher ist.

Ein Mitarbeiter, der sich gestresst fühlt, kann seinen Vorgesetzten bitten, den Fahrbetrieb, den Verkaufsstand oder den Kehrdienst zu übernehmen, damit er sich wieder beruhigen kann. Ist der Betreffende dann hinter den Kulissen, kann er seine Gefühle herauslassen und sich sammeln. Danach setzt er wieder sein Publikumsgesicht auf und kehrt an seinen Platz zurück, ohne befürchten zu müssen, dass er beim nächsten Kunden in die Luft geht.

Das Umfeld, in dem Sie arbeiten, muss von Ihnen, Ihren Vorgesetzten und Ihrem Unternehmen gemeinsam organisiert werden. Hingegen liegt die Art und Weise, wie Sie auf die Kunden reagieren, allein in Ihrer Hand. Wie kommt man damit zurecht? Es gibt zahlreiche Techniken zur Stressreduzierung, sowohl für Schreibtischarbeiter als auch für Leute mit Kundenkontakt. Wählen Sie diejenigen aus, die für Sie geeignet sind, und nutzen Sie sie täglich. Für den Anfang geben wir Ihnen zehn Techniken an die Hand:

## Zehn Anti-Stress-Techniken

1. *Durchatmen.* Das tiefe Durchatmen ist eine der ältesten und besten Techniken zum Stressabbau. Stress bringt das normale Verhältnis von Sauerstoff und Kohlendioxid in der Lunge aus dem Gleichgewicht. Tiefes Durchatmen stellt das richtige Mischungsverhältnis wieder her und hilft, Panikgefühle im Zaum zu halten. Holen Sie tief Luft – durch die Nase –, halten Sie den Atem sieben Sekunden an (nicht länger) und lassen Sie die Luft langsam durch den Mund wieder ausströmen. Führen Sie dies drei- bis sechsmal durch.

2. *Lächeln.* Man macht sich seine Laune auch selbst; gute Laune entspannt, schlechte Laune verursacht Stress. Ein Lächeln wirkt jedoch ansteckend. Versuchen Sie doch einmal, mit einem bedrückt wirkenden Kunden Blickkontakt herzustellen und ihm Ihr schönstes Lächeln zu schenken. In 99 von 100 Fällen wird der Kunde sofort zurücklächeln.

3. *Lachen.* Bewahren Sie sich Ihren Sinn für Humor. Dies ist das beste Anti-Stress-Mittel. Die Stresspsychologin Frances Meritt Stern berichtete von einem schwierigen Patienten, der jahrelang bei ihr in Behandlung war. »Dieser Clown macht mich noch wahnsinnig!«, klagte sie öfters. Eines Tages begann sie, ihn sich bildlich als Clown vorzustellen, komplett mit großen Schuhen, roter Nase und einem breiten Grinsen im weiß geschminkten Gesicht. Mit diesem Bild vor Augen war sie in der

Lage, ihre Stressreaktion zu zügeln und sich auf ihre Arbeit zu konzentrieren.

4. *Es herauslassen.* Wenn Sie Ärger oder Zorn gewaltsam unterdrücken, können Sie sicher sein, dass man es Ihnen ansieht. Besser ist es, sich selbst einen Termin zu setzen, an dem man über diesen stressigen Kunden nachdenkt. Halten Sie sich aber auch an diesen Termin! Unterdrückte Spannungen zehren nur an Ihren Kräften. Aber die Verschiebung Ihrer Reaktion auf einen späteren Zeitpunkt kann sehr konstruktiv sein. Auf diese Weise behalten Sie die Kontrolle.

**Tipp:** Um einen noch größeren Nutzen aus dieser Technik zu ziehen, führt die Vertreterin Amy Gruber ein »Stress-Buch« über besonders schwierige Kunden und Erlebnisse. Das Niederschreiben eines neuen Eintrags hilft ihr dabei, sich zu beruhigen und Abstand zu gewinnen. Außerdem ist das Buch im Lauf der Jahre ihr Ratgeber für den Umgang mit ihrer Stressbelastung geworden.

5. *Einen einminütigen Urlaub nehmen.* John Rondell, ein Finanzberater, berichtete von folgender Methode: Er stellt sich vor, wie er an einem wunderschönen weißen Sandstrand in der Karibik zum Schnorcheln geht. Er hat an dieser Szene so lange gefeilt, bis er das Gefühl hatte, tatsächlich an einem anderen Ort zu sein. Dabei verliert er jedes Gefühl von Raum und Zeit, obwohl seine Reise nur ein oder zwei Minuten dauert. Mittlerweile kann er sich ohne Probleme nach einem anstrengenden Telefonat oder vor einem stressigen Kundengespräch an seinen Lieblingsort versetzen.

6. *Sich entspannen.* Wenn wir innere Spannungen unterdrücken, führt dies zu Verkrampfungen der Muskulatur. Probieren Sie doch einmal isometrische Übungen aus: Anspannen und Entspannen einzelner Muskeln oder Muskelgruppen. Sie machen eine Faust und öffnen sie wieder. Sie spannen Ihre Bauchmuskeln an und lassen sie wieder locker. Sie drücken die Handinnenseiten fest gegeneinander, dann lockern Sie Ihre Armmuskeln wieder. Manche Menschen können diese Übungen sogar unbemerkt in Gegenwart eines Kunden ausführen.

7. *Schreibtisch-Übungen machen.* Bewegung ist wichtig, um Stress abzu-
bauen. Versuchen Sie einmal folgende zwei Schreibtisch-Übungen:
  * Am Schreibtisch sitzend heben Sie die Füße an, bis die Beine fast par-
    allel zum Boden sind. Halten Sie die Beine einen Augenblick in dieser
    Stellung, dann senken Sie sie langsam wieder zu Boden. Machen Sie
    dies fünfmal.
  * Lassen Sie den Kopf vorwärts und seitwärts kreisen (aber nicht nach
    hinten, weil dies eher ver- als entspannt). Rollen Sie die Schultern
    vorwärts, danach heben Sie sie an und lassen sie wieder fallen. Dies
    ist besonders wohltuend, wenn man längere Zeit gestanden oder ge-
    sessen hat.

8. *Organisieren.* Mit Organisation verschaffen Sie sich einen Überblick
    und das Gefühl, die Dinge unter Kontrolle zu haben, was auch Ihren
    Stresspegel reduziert. »Immer wenn ich am Telefon warten muss, bringe
    ich meinen Schreibtisch in Ordnung«, sagt Eric Johnson, der in einer
    telefonischen Kundenberatung arbeitet. »Bevor ich heimgehe, räume ich

meinen Schreibtisch auf und mache mir eine Liste der Dinge, die ich am nächsten Tag erledigen muss.«

9. *Positiv reden.* Machen Sie Ihrem Ärger und Ihren Frustrationen auf positive Weise Luft. Tauschen Sie sich mit Ihren Kollegen über Ihre Erlebnisse mit den Kunden aus. Das hilft, einer Situation die komische Seite abzugewinnen und Tipps zu bekommen, wie man das nächste Mal besser damit fertig wird. Dauerndes Jammern und Beklagen von Altbekanntem verstärkt hingegen den Stress, statt ihn abzubauen.

10. *Gesundheitspausen einlegen.* Versuchen Sie, Ihre Pausen zum Stressabbau zu nutzen. Wie wäre es mit einem Spaziergang an der frischen Luft? Lesen Sie ein Kapitel in Ihrem Lieblingsbuch oder sitzen Sie einfach nur einige Minuten mit geschlossenen Augen da. Ersetzen Sie Kaffee und Süßigkeiten durch Fruchtsäfte und gesunde Kost.

Fazit: Ihr Service kann nur so gut sein, wie Sie sich fühlen. Also müssen Sie auf sich achten und für sich sorgen. Und das können nur Sie selbst tun.

---

*»Wenn Ihr Kunde sehr angespannt ist, müssen Sie Ihr Bestes geben – kompetent, überzeugend, besonnen und selbstbeherrscht.«*

*Chip R. Bell*

# 37. Verhalten Sie sich stets professionell

> »Jede Arbeit ist ein Selbstportrait der Person, die sie
> ausführt. Geben Sie Ihrer Arbeit durch eine hervorragende
> Leistung Ihre persönliche Handschrift.«
>
> *Poster in einer Autowerkstatt*

Heutzutage hört man von Geschäftsleuten und Führungskräften immer häufiger: »Kunden sind unsere besten Freunde.« Aber Profis im umwerfenden Service wissen, dass ein entscheidender Unterschied zwischen Freundlichkeit und Freundschaft besteht.

Freundlichkeit ist eine klare und begreifbare Vorgabe für jedwede Art von Geschäft. Wenn wir Kunden höflich und zuvorkommend behandeln, imitieren wir die Interaktionsformen, die wir mit einem engen Freund pflegen (was natürlich auch gut für die Geschäftsbeziehungen ist).

Freundschaft hingegen ist eine Beziehung, die außerhalb unseres Arbeitsbereichs angesiedelt ist und ein persönliches Engagement erfordert, das weit über die Grenzen der normalen Interaktion zwischen Kunde und Dienstleistungserbringer hinausgeht.

Heißt das, dass Kunden niemals unsere Freunde sein können oder wir nie einen Freund als Kunden haben dürfen? Natürlich nicht. Wir hoffen alle, dass unsere Freunde uns auch als ihre Geschäftspartner wählen. Und es ist nicht ungewöhnlich, dass sich aus Geschäftsbeziehungen Freundschaften entwickeln.

Wenn man den Leserbriefen und Ratgeberspalten der Zeitschriften Glauben schenken darf, dann entsteht anscheinend auch ein nicht unbeträchtlicher Teil heutiger Ehen aus Geschäftsverbindungen. Aber das ist nur die Folge einer Beziehung, die über die Grenzen der Arbeitswelt hinaus fortgeführt wird.

# Widmen Sie sich Ihrer Arbeit

An Ihrem Arbeitsplatz sind Kunden zunächst und vor allem Kunden: Sie kommen nicht wegen des netten Gesprächs zu Ihnen oder weil sie Gesellschaft wollen. Sie kommen zu Ihnen, um sich ihre Wünsche und Bedürfnisse durch Ihre Dienstleistung oder Produkte zu erfüllen. Der Kunde braucht zwar Ihre Hilfe, aber in Ihrer Eigenschaft als Serviceprofi. Er möchte etwas bei Ihnen einkaufen, sich einen neuen Haarschnitt machen lassen oder 500 Kilo eines Industrieklebers bestellen. Er ist nicht auf der Suche nach einem neuen Freund.

**Tipp:** Sie bedienen den Kunden am besten, wenn Sie professionell sind, aber mit persönlicher Note. Das bedeutet, dass Sie klar zwischen privaten Freundschaften und freundlich-professionellen Geschäftsbeziehungen unterscheiden können.

Anzumerken ist noch, dass Freundschaften darunter leiden können, wenn Geschäftliches ins Spiel kommt. Sind Ihre Freundschaften stabil genug, um ein Missfallen auszuhalten, wenn Ihre freundlich-geschäftlichen Dienstleistungen nicht zufriedenstellend ausfallen? Selbst langjährigen Freunden kann es unangenehm sein, ein offenes Wort in einer Partnerschaft zu riskieren, die mehr Freundschaft als Geschäftsbeziehung ist. Ihre Freunde halten sich vielleicht mit einem nützlichen Feedback zurück. Oder sie verkneifen sich Beschwerden gänzlich, ja tätigen vielleicht sogar ihre Geschäfte lieber anderswo, als Ihre Gefühle zu verletzen, indem sie ihre Unzufriedenheit eingestehen.

Auch der Eindruck, den Sie mit Ihrem Kundengespräch vermitteln, spielt eine Rolle. Dies gilt sowohl bei Kunden, die Sie nicht kennen, als auch bei Vorgesetzten und Kollegen, die wissen, wie Sie arbeiten.

Der nächste Kunde, der darauf wartet, von Ihnen bedient zu werden, ist wahrscheinlich ärgerlich, wenn Sie mit seinem Vorgänger plaudern. Selbst wenn der betreffende Kunde nicht länger als sonst warten muss, wird er diese Wartezeit als viel länger empfinden. Denn er hat das Gefühl, Sie könnten ihn viel schneller bedienen, wenn Sie Ihre – in seinen Augen belanglose – Unterhaltung auf einen anderen Zeitpunkt verschieben würden.

Kollegen und Vorgesetzte können dies ähnlich empfinden. Sie könnten vermuten, dass manche Kunden von Ihnen anders oder bevorzugt behandelt werden. Verstärkt wird dies noch dadurch, wenn andere Kunden in der Nähe sind, die warten müssen und Ihr Verhalten beobachten.

Denken Sie daran, dass es immer ein »Augenblick der Wahrheit« für Sie und Ihr Unternehmen ist, wenn ein Kunde Gelegenheit hat, Ihr Tun zu beobachten, und sich seine Meinung über die dabei offenbarte Qualität bilden kann. Als Faustregel gilt: Halte dein Geschäftsgebaren stets professionell!

## Der Unterschied liegt in der emotionalen Beteiligung

Der Unterschied zwischen Freundlichkeit und Freundschaft hat vieles gemein mit dem Unterschied zwischen Einfühlungsvermögen und Mitgefühl. Wenn ein Freund Kummer oder Freude empfindet, dann teilt man diese Gefühle mit ihm. In diesem Fall hat man Mitgefühl, das heißt Sie fühlen, leiden und freuen sich mit Ihren Freunden, denn dies gehört zur Freundschaft. Wenn ein Freund in Schwierigkeiten ist, dann geben Sie ihm einen Rat, Sie werden vielleicht sogar zornig an seiner Stelle. Aber Sie würden wahrscheinlich nie die Angelegenheiten Ihrer Freunde komplett in die Hand nehmen.

Wenn ein Kunde erregt oder zornig ist, erwartet er ebenfalls, dass Sie sich um ihn kümmern. Aber seine Erwartung hat mit einer persönlichen Beziehung rein gar nichts zu tun. Er möchte, dass Sie eine Sache regeln oder ein Problem beheben, ohne emotionale Beteiligung. Nicht Ihr Mitgefühl, sondern Ihre Einfühlung in den Kunden zeigt Ihre professionelle Freundlichkeit. Dies ist der sicherste Weg, um persönliches und professionelles Verhalten auseinanderzuhalten.

Aufgrund Ihres unpassenden Verhaltens als Repräsentant unserer Firma fordere ich Sie hiermit auf, den Hut und den Kopfhörer abzugeben!

Wir stellten Serviceprofis und Kunden die Frage: »Wie erkennen Sie, ob ein Servicemitarbeiter ein Profi ist?« Nachfolgend aufgeführt sind die häufigsten Antworten.

| Professionell | Unprofessionell |
|---|---|
| • sieht aus wie ein Profi; ist korrekt und sauber gekleidet | • ignoriert den Kunden, führt anscheinend lieber private Telefongespräche oder unterhält sich mit Bekannten |
| • überzeugende Kommunikation; druckst nicht herum oder sagt »Das weiß ich nicht«, ohne zu versuchen, die Information zu beschaffen | • seufzt viel; verdreht die Augen |
| • lächelt; wirkt hilfsbereit | • kaut Kaugummi oder isst, während er spricht |

## Trennen Sie Privat- und Berufsleben

Es gibt eine persönliche Beziehung, welche Serviceprofis im Bestreben, ihre Aufgabe gut zu erledigen, häufig übersehen: ihre Beziehung zu den Menschen, die ihnen nahestehen – dem Lebenspartner oder der Familie. Im Laufe eines Arbeitstages erlebt man viel und begegnet sehr vielen Menschen – also hat man mehr als reichlich Antworten auf die unschuldige Frage: »Und wie war dein Tag heute?« Bestimmt kann Ihre Familie durch Ihre Geschichten besser nachvollziehen, warum die Arbeit Ihnen so am Herzen liegt. Aber es ist unfair, seine Familie oder seinen Lebenspartner mit beruflichen Problemen zu überhäufen, genauso wie es unprofessionell ist, Vertrauliches über seine Kunden auszuplaudern.

**Tipp:** Ziehen Sie eine klare Trennlinie zwischen Ihrem Privat- und Ihrem Berufsleben – Sie selbst gehen am Ende des Tages nach Hause; Berufliches bleibt am Arbeitsplatz.

»*Guter Service besteht nicht darin, den Kunden anzulächeln, sondern das Lächeln des Kunden zu gewinnen.*«

Dr. Barrie Hopson und Mike Scally
12 Steps to Success Through Service

# 38. Das Kompetenzprinzip: Lernen Sie lebenslang hinzu

> »Man ist nie außer Dienst;
> man muss alles im Kopf behalten, was man sieht.«
>
> *Holly Stiel,*
> *Concierge, Hyatt San Francisco*

Sie kennen sie. Vielleicht haben Sie sogar schon eines getragen. Sie wissen schon, diese Namensschildchen, auf denen »Trainee« oder »Auszubildender« steht – der Hinweis, der aller Welt mitteilt: »Bitte Geduld mit mir haben, ich lerne noch.«

Wir denken normalerweise, Auszubildende seien lerneifrig und wissbegierig. Junge Menschen, die den Augenblick kaum erwarten können, in dem sie das Schildchen abnehmen dürfen, weil sie jetzt endlich alles wissen. Umwerfender Service bedeutet jedoch lebenslanges Lernen. Die Ausbildung ist nicht beendet, wenn man sein Lehrlingsschildchen abgeben darf. Tatsächlich beginnt sie hier erst. Genau wie Profisportler trainieren gute Servicemitarbeiter fortlaufend, immer auf der Suche nach Möglichkeiten, wie sie ihre Leistungen verbessern, wie sie ihrem Service noch mehr Schliff verleihen können.

Was müssen Sie also lernen? Stellen Sie sich das lebenslange Lernen für den Kundenservice wie ein Trainingsprogramm aus mehreren Einheiten vor. Genauso wie ein Training für den Fünfkampf sollte Ihr Fitness-Programm mehrere miteinander verwandte Gebiete abdecken. Es gibt fünf grundlegende Bereiche: Fertigkeiten im technischen und organisatorischen Bereich, Fertigkeiten im zwischenmenschlichen Bereich, Kenntnisse über Produkte und Serviceleistungen, Wissen über den Kunden und persönliche Qualitäten. Sie alle spielen für Ihren Erfolg eine entscheidende Rolle.

Nutzen Sie die nachfolgenden Fragen, um Ihre Stärken und Schwächen zu testen. Da Sie Ihre Antworten geheim halten können, sollten Sie ehrlich sein und ruhig Selbstkritik üben. Andererseits ist es auch wichtig, dass Sie die vielen Dinge, die Sie auch heute schon richtig und gut beherrschen, anerkennen.

**Fertigkeiten im technischen und organisatorischen Bereich**

| | Nein | Ja |
|---|---|---|
| 1. Ich verstehe und beherrsche die Bedienung der Telefon- und Kommunikationsgeräte an meinem Arbeitsplatz. | ☐ | ☐ |
| 2. Ich verstehe und beherrsche die Computer und andere Technologien an meinem Arbeitsplatz. | ☐ | ☐ |
| 3. Ich kenne die Organisationsstrukturen und Arbeitsabläufe und weiß sie für meine Kunden zu nutzen. | ☐ | ☐ |
| 4. Wenn ich Hilfe im organisatorischen oder technischen Bereich brauche, frage ich rechtzeitig nach. | ☐ | ☐ |
| 5. Ich verstehe den Sinn und Zweck der Formulare und Schriftstücke, die von mir und meinen Kunden verlangt werden, und kann sie ausfüllen/erledigen. | ☐ | ☐ |

**Fähigkeiten im zwischenmenschlichen Bereich**

| | Nein | Ja |
|---|---|---|
| 1. Ich kenne die Arbeitseinstellung und die Verhaltensweisen, aufgrund derer meine Kunden sagen: »Sie bieten umwerfenden Service!« | ☐ | ☐ |
| 2. Ich weiß, welche Techniken ich bei verärgerten oder frustrierten Kunden anwenden muss, um sie wieder aufzubauen. | ☐ | ☐ |
| 3. Ich kann die Perspektive meiner Kunden nachvollziehen. | ☐ | ☐ |

4. Ich kann meinen eigenen Stil reflektieren und mich gut auf den Stil anderer einstellen.  ☐  ☐

5. Ich pflege eine partnerschaftliche Beziehung zu meinen Kunden und Kollegen.  ☐  ☐

## Kenntnisse über Produkte und Serviceleistungen

|  | Nein | Ja |
|---|---|---|

1. Ich kann erklären, wie die Produkte und Dienstleistungen meines Aufgabenbereichs zum allgemeinen Erfolg meines Unternehmens beitragen.  ☐  ☐

2. Ich kenne die Unterschiede zwischen unseren Produkten und Dienstleistungen und denen der Konkurrenz.  ☐  ☐

3. Ich verfüge über die notwendigen Informationen bei neu eingeführten oder geplanten Produkt- und Dienstleistungsangeboten.  ☐  ☐

4. Ich verstehe die speziellen technischen Ausdrücke und den Fachjargon, kann beides aber in einfachen Worten erklären.  ☐  ☐

5. Ich kenne die häufig gestellten Fragen und kann sie beantworten.  ☐  ☐

## Wissen über den Kunden

|  | Nein | Ja |
|---|---|---|

1. Ich weiß, worüber sich Kunden beschweren und wofür sie uns Komplimente machen.  ☐  ☐

2. Ich weiß, warum die Kunden uns der Konkurrenz vorziehen.  ☐  ☐

3. Ich kenne die Merkmale meiner fünf wichtigsten Kunden/Kundengruppen.  ☐  ☐

4. Ich weiß um den Einfluss meiner Arbeit auf das Bild, ☐ ☐
   das sich der Kunde von der Leistungsqualität meines
   Unternehmens macht.

5. Ich suche beständig nach neuen Wegen, um umwer- ☐ ☐
   fenden Service zu bieten.

**Persönliche Qualitäten**

|  | Nein | Ja |
|---|---|---|
| 1. Ich gehe konstruktiv mit Stress am Arbeitsplatz um. | ☐ | ☐ |
| 2. Ich suche auch bei Routineaufgaben stets nach neuen Herausforderungen und Einblicken. | ☐ | ☐ |
| 3. Ich kann organisieren und Prioritäten setzen, sodass ich die richtigen Dinge in der richtigen Reihenfolge erledige. | ☐ | ☐ |
| 4. Den Wut und Zorn meiner Kunden nehme ich nicht persönlich. | ☐ | ☐ |
| 5. Meine gegenwärtige Arbeit ist ein wichtiger Schritt in Richtung auf meine langfristigen Ziele. | ☐ | ☐ |

# Systematisches Lernen

Führen Sie ein »Lern-Tagebuch«. Halten Sie Ihr Tagebuch, ob als Notizheft oder elektronisch, stets griffbereit und notieren Sie sowohl Fragen als auch Antworten, die Ihnen helfen, Ihre Lernziele genauer zu definieren und Ihren Service zu verbessern. Gehen Sie systematisch vor: Man kann niemals alles auf einmal lernen. Konzentrieren Sie sich stets nur auf einen Bereich Ihres Lernprogramms; die anderen Punkte können Sie sich nach und nach vornehmen.

# Beginnen Sie Ihr Training

Listen Sie in dem unten stehenden Kasten oder in Ihrem Lern-Tagebuch fünf Wissens- oder Fertigkeitsbereiche auf, in denen Sie sich verbessern möchten oder die Sie Ihrer vorhandenen Talentbank zufügen möchten.

**Aufbau einer Talentbank**

1. _____

_____

_____

2. _____

_____

_____

3. _____

_____

_____

4. _____

_____

_____

5. _____

_____

_____

Greifen Sie sich aus Ihrer Talentbank zwei Punkte heraus, welche Sie sofort in Angriff nehmen können, ohne vorher eine Genehmigung einholen oder eine Menge Geld investieren zu müssen. Schreiben Sie diese zwei Punkte in den nachfolgenden Kasten.

Zwei Beispiele: Sie könnten eine Kollegin fragen, wie sie es schafft, die Ruhe zu bewahren, wenn die Kunden verrückt spielen. Oder Sie könnten eine Veranstaltung der örtlichen Verbraucherzentrale oder der Industrie- und Handelskammer zum Thema Fertigkeiten im Kundenservice besuchen.

**Zwei Dinge, die ich sofort unternehmen kann:**

1. _____

2. _____

Als Nächstes überlegen Sie sich zwei längerfristige Ziele, welche mehr Anstrengungen erfordern und die Mitarbeit anderer notwendig machen. Zum Beispiel könnten Sie sich für Kurse oder Fortbildungen einschreiben, um eine bestimmte Qualifikation zu erwerben. Vielleicht möchten Sie sich mit Ihrem Vorgesetzten zusammensetzen und überlegen, wie Sie der interne Experte für Ihre Firmencomputer werden können.

**Zwei Dinge, die ich für die Zukunft in Angriff nehmen kann:**

1. _____

2. _____

»Jeder, der aufhört zu lernen, ist alt – egal, ob er 20 oder 80 ist. Wer hingegen stets etwas dazulernt, bleibt jung. Das Größte im Leben ist, seinen Geist jung zu halten.«

*Henry Ford*

# 39. Feiern Sie Ihre Erfolge

>»Gönn dir mal 'ne Pause!«
> *Slogan von McDonald's*

Es stimmt. Sie haben heute eine Pause verdient – und an allen anderen Tagen ebenso! Es ist wichtig, dass Sie sich die Zeit nehmen, Ihre Erfolge zu feiern. Belohnen Sie sich, wenn Sie hervorragende Arbeit geleistet haben. Niemand anders kann dies so würdigen wie Sie selbst, denn Sie wissen am besten, wie gut Sie tatsächlich waren.

Wenn Sie sich schon einmal stunden- oder tagelang über uneinsichtige Kunden und unlösbare Probleme beklagt haben (und wer hätte das noch nicht?), dann sollten Sie es sich zur Regel machen, ebenso viel Zeit (eher noch mehr) darauf zu verwenden, die Früchte Ihrer Arbeit zu genießen. Gehen Sie ab und zu mit Ihren Kollegen aus und feiern Sie sich gegenseitig für durchgestandene Probleme und erfolgreiche Leistungen. Ist dies angeberisches Eigenlob? Na klar! Aber es gibt keinen Grund, Ihre Fähigkeiten und Leistungen herunterzuspielen. Wer den eigenen Erfolg heute anerkennt, verschafft sich die Motivation, um morgen zu größeren Erfolgen an seinen Arbeitsplatz zurückzukehren.

## Lernen Sie feiern

Manche Menschen haben überhaupt keine Schwierigkeiten, sich selbst oder den Menschen in ihrem Umkreis für gute Arbeit auf die Schulter zu klopfen. Für die meisten von uns ist ein Eigenlob eher schwer. Es ist uns fast peinlich, wenn andere eine Lobeshymne auf uns anstimmen, ja wir denken nicht einmal im Traum daran, selbst ein paar Zeilen beizusteuern. Diese Einstellung können und sollten sich Profis in Sachen umwerfender Service schleunigst abgewöhnen. Gestatten Sie es sich mit ruhigem Gewissen, brillant zu sein. Ganz recht: Sie müssen es sich ganz bewusst gestatten, sich in Ihren Erfolgen zu sonnen. Wenn Sie erst einmal damit angefangen haben, dann werden Sie es nicht mehr missen wollen.

Sie glauben immer noch, dass Sie sich an diese Art des positiven Feedbacks schwer gewöhnen können? Dann fangen Sie doch einfach damit an, indem Sie es mit jemandem ausprobieren. Danken Sie einem Kollegen dafür, dass er Ihnen geholfen hat. Nehmen Sie sich vor, Ihrem Vorgesetzten mitzuteilen, was Sie gut an einem Ihrer Kollegen finden. Geben Sie einen Tipp oder einen Kniff weiter, den Sie von einem Kollegen gelernt haben – und sagen Sie deutlich, wer Ihnen das gezeigt hat.

Beachten Sie bitte, dass die obigen Beispiele eines gemeinsam haben: Der Schwerpunkt liegt jeweils auf einer Handlung oder einer vollbrachten Leistung, dann erst kommt die Person oder Gruppe, die diese Handlung oder Leistung vollbracht hat. Mit anderen Worten: Sie überschütten niemanden mit Lob, nur weil er ein solch netter Mensch ist. Ihr Respekt gilt dem, was andere geleistet haben und warum diese Leistung gut war. Fangen Sie nun an, das Gleiche für sich zu tun.

## Fünf Möglichkeiten, um seine Erfolge zu feiern

Es gibt unzählige Möglichkeiten, wie Sie Ihre Serviceerfolge anerkennen und Spaß daran haben können. Nehmen Sie aber die Figur Yertle the Turtle von Dr. Seuss als warnendes Beispiel: Yertle, eine männliche Schildkröte, wollte aller Welt zeigen, was für ein toller Kerl er war. Er kletterte auf die Rücken der anderen Schildkröten und prahlte. Dies ging eine Weile gut. Aber irgendwann ereilte den guten Yertle das Schicksal, das alle ereilt, die sich über andere erheben, indem sie sie niedermachen: Er stürzte Kopf voran in den Sumpf.

Stolz auf seine Verdienste zu sein heißt, persönliche Siege zu feiern. Es heißt aber auch, den Anteil, den die Kollegen daran haben, zu würdigen und zu feiern. Probieren Sie es einmal mit folgenden fünf Vorschlägen:

1. *Führen Sie sich selbst zum Essen aus.* Gönnen Sie sich ein besonderes Essen oder auch ein Frühstück in einem Restaurant. Nehmen Sie einen Freund oder Kollegen (oder mehrere) mit und – dies ist das Wichtige daran – sorgen Sie dafür, dass die anderen genau wissen, was Sie feiern und warum.

2. *Führen Sie einen Kollegen zum Essen aus.* Dies funktioniert im Prinzip genauso wie oben, nur feiern Sie diesmal eine Leistung, die Sie zusammen vollbracht haben oder die Ihnen einen Motivationsschub oder ein ganz besonderes Erfolgserlebnis verschafft hat. Wenn man gleich mehrere Kollegen mitnimmt, verstärkt man den Zusammenhalt eines Teams und bekommt das erhebende Gefühl, Teil eines besonders gut funktionierenden Unternehmens zu sein.

3. *Kaufen Sie Luftballons oder Blumen oder irgendetwas Fröhliches.* Ein Luftballon oder frische Blumen auf dem Schreibtisch können eine besondere Leistung symbolisieren. Gleichzeitig erstrahlt Ihr Arbeitsplatz in neuem Glanz, und Sie demonstrieren, dass Sie gerade besonders zufrieden mit sich sind. Wenn jemand nachfragt, können Sie den Grund erklären, was Sie garantiert noch froher stimmt.

4. *Legen Sie eine »Prahl-Liste« an.* Wenn man viel Zeit damit verbringt, an seinen Schwächen zu arbeiten, dann vergisst man leicht seine Stärken. Machen Sie daher eine Liste Ihrer starken Seiten und Ihrer Erfolge. Der Tag, an dem die Dinge einmal nicht so gut laufen, kommt bestimmt. Ihre »Prahl-Liste« hilft Ihnen über ein Stimmungstief hinweg und lässt Sie die Dinge wieder im richtigen Licht sehen.

5. *Sagen Sie zu sich: »Prima gemacht!«* Sie finden es merkwürdig, mit sich selbst zu reden? Ist es aber nicht. (Mit sich selbst zu streiten dagegen ist etwas suspekt.) Gutes wird noch besser, wenn man darüber redet. Wenn Sie es noch nicht schaffen, sich vor anderen zu loben, dann sagen Sie sich wenigstens selbst – mit Nachdruck und Gefühl –, dass Sie gute Arbeit geleistet haben.

---

*» Verhalten wird durch Lob verstärkt und wiederholt.«*

*Grundsatz für Anreize und Anerkennung*

# Aktivitäten, die Sie ausprobieren sollten

Probieren Sie diese Aktivitäten aus, wenn Sie noch so einiges dazulernen wollen, um die Qualität Ihres Service zu verbessern. Ganz gleich, ob Sie den nächsten Betriebsausflug oder die morgendliche Besprechung nutzen wollen, um einer kleineren oder größeren Gruppe etwas über umwerfenden Service beizubringen, uns bleibt nur ein Rat: Packen Sie es an!

Zu Kapitel 1: *Die Bedürfnisse Ihrer Kunden ändern sich ständig.* Machen Sie sich klar, wie sich die Erwartungen der Kunden im Laufe der Zeit geändert haben und welch unterschiedliche Anforderungen Kunden verschiedenen Alters an guten Service stellen.

Zu Kapitel 3: *Zuverlässigkeit ist das A und O.* Vergleichen Sie Unternehmen, die bekannt für ihren zuverlässigen Service sind, mit Unternehmen, bei denen er eine scheinbar untergeordnete Rolle spielt.

Zu Kapitel 5: *Schlüpfen Sie in die Rolle Ihres Kunden.* Machen Sie einen kleinen Rundgang. Verlassen Sie das Firmengebäude und achten Sie dann auf alles, was Sie auf Ihrem Weg zurück an Ihren Schreibtisch sehen.

Zu Kapitel 7: *Kurze Reaktionszeiten – was steht ihnen im Weg?* Stellen Sie sich die Frage: Was hindert die Mitarbeiter in Ihrem Unternehmen daran, schnell auf die Wünsche Ihrer Kunden zu reagieren?

Zu Kapitel 8: *Der Kunde hat Recht – oder?* Stellen Sie sich der Frage: Wie haben Sie sich gefühlt, als Ihnen ein Servicemitarbeiter das Gefühl vermittelt hat, Sie wären schuld an seinem Stress? Und wie, als Sie zuvorkommend behandelt wurden?

Zu Kapitel 10: *Ausnahmen machen.* Legen Sie fest, in welchen Situationen Sie auch mal fünf gerade sein lassen können, um Kundenwünsche zu erfüllen.

Zu Kapitel 13: *Sprechen Sie weiter, ich höre Ihnen zu.* Üben Sie die Fähigkeit, aktiv zuzuhören – formulieren Sie die Äußerungen Ihres Gegenübers um, fassen Sie sie zusammen und wiederholen Sie sie.

Zu Kapitel 14: *Wer weiß es?* Trainieren Sie die Fähigkeit, offene Fragen zu formulieren. Sie werden am eigenen Leib erfahren, welchen Unterschied das macht.

Zu Kapitel 15: *Bessere Antworten formulieren.* Erstellen Sie kurze, positiv gehaltene Skripte für knifflige Situationen, die häufig vorkommen.

Zu Kapitel 16: *Verhalten im persönlichen Kontakt.* Nicht nur mit Worten, sondern auch mit Ihrer Körpersprache können Sie Vertrauen aufbauen. Stellen Sie sich der Frage: Wie sieht Ihre Körpersprache aus?

Zu Kapitel 17: *Telefon-Etikette: Verdeckte Ermittlungen.* Rufen Sie mal andere Unternehmen an. Und dann wenden Sie die besten Techniken in Ihrem eigenen an.

Zu Kapitel 18: *Kleine Welt.* Machen Sie sich ehrlich und schonungslos klar, mit welchen Vorurteilen Sie auf ausländische Mitmenschen zugehen und was sie bewirken. Hierzu machen Sie bitte eine Liste.

Zu Kapitel 19: *Verschiedene Generationen.* Berücksichtigen Sie die unterschiedlichen Anforderungen einzelner Altersgruppen bei Ihrem Service. Schreiben Sie diese auf.

Zu Kapitel 20: *Einen internen Kunden besuchen.* Sehen Sie über Ihren Tellerrand hinaus und lernen Sie die Schnittstellen Ihres Rundum-Service kennen.

Zu Kapitel 21: *Der Teufel steckt im Detail.* Fragen Sie Ihre Kunden, welche Einzelheiten ihnen wichtig sind, und überlegen Sie sich, wie Sie diese in Ihren Unternehmensalltag integrieren können.

Zu Kapitel 22: *Service mit dem gewissen Extra.* Stellen Sie Ihre Produkte und Dienstleistungen auf den Prüfstand. Stellen Sie die Frage: Wo greifen die Produkte und Dienstleistungen ineinander und woran hapert es noch?

Zu Kapitel 23: *E-Mail oder Telefon – das ist hier die Frage.* Legen Sie fest, in welcher Situation welches Kommunikationsmittel das Beste ist und wie sich das auf Ihre Kunden auswirkt.

Zu Kapitel 24: *E-Mail-Etikette.* Auch E-Mails müssen kundenfreundlich abgefasst sein. Üben Sie diese Fähigkeit.

Zu Kapitel 26: *Gestalten Sie Ihr »Dankeschön« persönlich.* Überlegen Sie sich eine Form Ihres Dankeschöns, das zu unterschiedlichen Anlässen passt, und wie es sich in Ihren Geschäftsalltag integrieren lässt.

Zu Kapitel 27: *Sind Sie zu einer Wiedergutmachung bereit?* Beurteilen Sie, wie es um Ihre eigene und die betriebliche Bereitschaft bestellt ist, Pannen und Fehler wiedergutzumachen.

Zu Kapitel 28: *Nette Erlebnisse.* Überlegen Sie sich, wann Sie selbst einmal in den Genuss einer Wiedergutmachung gekommen sind, an die Sie gerne zurückdenken.

Zu Kapitel 29: *Eine wohlplatzierte Entschuldigung.* Finden Sie heraus, wann eine Entschuldigung angebracht ist, und üben Sie es ein, sich zu entschuldigen.

Zu Kapitel 30: *Rollenspiel: Den Kunden besänftigen.* Üben Sie beruhigende Worte, Formulierungen und Gesten ein, um verärgerte Kunden aller Couleur zu beruhigen.

Zu Kapitel 31: *Die Dinge wieder in Ordnung bringen.* Fragen Sie sich: Was sind die häufigsten Kundenprobleme und welche Möglichkeiten stehen Ihnen zur Verfügung, um sie aus der Welt zu schaffen?

Zu Kapitel 32: *Die Website optimieren.* Bieten Sie Ihren Kunden ein perfektes Einkaufserlebnis und profitieren Sie von Erfahrungen Ihrer Servicemitarbeiter als erste Anlaufstelle. Checken Sie hierzu die Homepage Ihres Unternehmens.

Zu Kapitel 33: *Wissen über Wiedergutmachung anwenden.* Analysieren Sie eine vor kurzem aufgetretene Situation, die eine Wiedergutmachung erforderlich machte, und überlegen Sie, was Sie das nächste Mal besser machen können.

Zu Kapitel 34: *Rollenspiel: Unausstehliche Kunden beruhigen.* Üben Sie den Umgang mit schwierigen Kunden und wenden Sie diese Techniken in echten Situationen an.

Zu Kapitel 36: *Ein Stress-Protokoll erstellen*. Finden Sie heraus, was Ihnen im Service Stress bereitet.

Zu Kapitel 37: *Professionell bleiben*. Denken Sie daran, wie wichtig es ist, sich grundsätzlich professionell zu verhalten.

Zu Kapitel 39: *Und das ist für Sie!* Üben Sie, sich bei sich selbst für Ihre eigenen Erfolge und Leistungen zu bedanken.

# Danksagung

Du meine Güte! Wer hätte gedacht, dass unser einfach gestricktes, witziges und leicht zu lesendes Buch über guten Service, über das wir bereits 1990 anfingen, uns Gedanken zu machen, gut 20 Jahre später noch immer gefragt sein würde? Und doch sitzen wir hier mit gespitztem Stift und schreiben an dieser Ausgabe. Keine Frage, wie alle Bücher von Performance Research Associates ist auch dieses wieder ein Gemeinschaftswerk.

Deshalb möchten wir die einmalige Gelegenheit nutzen, uns zunächst bei all denen zu bedanken, die nicht mehr bei uns sind. An erster Stelle steht natürlich Ron Zemke, ohne dessen einzigartige Visionen all dies nicht denkbar, geschweige denn möglich gewesen wäre. Die Präsenz des geistigen Vaters der erfolgreichen Reihe *Knock Your Socks Off Service* ist noch immer auf jeder einzelnen Seite zu spüren. Diese Ausgabe ist Ron gewidmet – ohne ihn wäre nicht ein einziges Kapitel geschrieben worden, ganz zu schweigen von der Serie und zahlreichen Neuauflagen. Wir lieben dich, Ron, und vermissen dich Tag für Tag.

Ein herzliches Danke auch an John Bush – ohne seine Beiträge wäre diese Buchreihe niemals entstanden. Leider haben wir John, ebenso wie Ron, viel zu früh verloren. Seine Illustrationen bringen uns nach all den Jahren noch immer zum Lachen. Wir sind noch immer begeistert und staunen auch heute noch über die Kreativität und Leichtigkeit, mit der er den perfekten Cartoon zeichnete. Manchmal subtil und zuweilen drastisch, doch immer traf er ins Schwarze, und wir konnten nie genug davon bekommen. Schade, dass diese Auflage keine neuen Zeichnungen von ihm enthält, aber wir sind dankbar, dass die Illustrationen, die uns John hinterlassen hat, für immer weiterleben.

Ein besonders herzliches Dankeschön gilt Susan Zemke für das Vorwort zu dieser Ausgabe. Wir wussten, dass es nur eine Person gab, die dieser

Aufgabe gerecht werden konnte, und Susan meisterte sie mit Bravour. Wir schätzen uns glücklich, sie zu unseren Freunden zählen zu können, und sind dankbar für ihre fortwährende Unterstützung und ihr Engagement, mit dem sie dafür sorgt, dass Rons Arbeit und Hinterlassenschaft auch in Zukunft eine Quelle der Inspiration für andere sein werden.

Ellen Kadin und das Team von AMACOM begleiten uns in dieser Mission seit mehr als zwei Jahrzehnten. Wir wissen diese vertrauensvolle und partnerschaftliche Zusammenarbeit wirklich zu schätzen. Vielen Dank für deine Unterstützung, Ellen.

In den letzten zwei Jahrzehnten hat sich so einiges geändert. Das Internet war 1991 nicht mehr als ein Punkt auf dem Radar. Musik hörte man über den CD-Spieler, nicht übers Handy. Das Benzin war billiger und Google kein Begriff, geschweige denn ein Verb. Aber ein paar Dinge sind noch immer so wie damals. Kunden sind auch heute noch der Grund, warum wir jeden Tag zur Arbeit gehen. Und Kunden verdienen immer noch perfekten Service, Tag für Tag! Unsere Hoffnung ist die gleiche wie 1991: dass Sie bei uns weiterhin die Tipps, Tools und Techniken finden, die Sie brauchen, um Ihren Kunden bei jedem Kontakt umwerfenden Service zu bieten!

Auf die nächsten 20 Jahre!

*Performance Research Associates*

# Register